전쟁 같은 외식업 창업
성공 창업 vs 실패한 창업

전쟁 같은 외식업 창업 성공 창업 vs 실패한 창업

초판 1쇄 발행 2023년 1월 2일

지은이 안 도
펴낸이 장길수
펴낸곳 지식과감성#
출판등록 제2012-000081호

교정 정은솔
디자인 이은지
편집 이은지
검수 한장희, 이현
마케팅 정연우

주소 서울시 금천구 벚꽃로298 대륭포스트타워6차 1212호
전화 070-4651-3730~4
팩스 070-4325-7006
이메일 ksbookup@naver.com
홈페이지 www.knsbookup.com

ISBN 979-11-392-0869-6(03320)
값 15,000원

- 이 책의 판권은 지은이에게 있습니다.
- 이 책 내용의 전부 또는 일부를 재사용하려면 반드시 지은이의 서면 동의를 받아야 합니다.
- 잘못된 책은 구입하신 곳에서 바꾸어 드립니다.

지식과감성#
홈페이지 바로가기

100% 리얼! 실전에서 배운다.

전쟁 같은 외식업 창업

성공 창업 vs 실패한 창업

이 책에서 배워라

지은이 안 도

어차피 시작한 장사 최종목표는 프랜차이즈다.
이런 저자는 단 한 번도 본 적이 없다.

1. 생생한 현장을 노골적으로 묘사했다.
2. 기득권에 불편한 메시지를 전달했다.
3. 외식창업의 실체를 그대로 담았다.

외식업 창업
필독서
★★★

지식과감정

서 문　8

1장 프랜차이즈

▌직영 매장의 비밀　　12
　- 어차피 눈으로 보이는 것은 실체가 아니라 전략이었다.

▌내 점포를 공동 운명체로 만들라.　　17
　- 영업 거래처는 내가 고객이자, 상호 보완적인 관계에 있다.

▌낚싯배를 탔더니 침수되어 침몰하는 배였다.　　22
　- 숨길 게 많으면 많을수록 알맹이 없이 포장 봉지만 키운다.

▌가맹 본사의 추천 매장은 크다?　　27
　- 친절한 추천 상담, 본사 수익 구조에 맞추어져 있다.

프랜차이즈　33
　- 프랜차이즈 업체는 2가지의 유형이 있다. 가맹점을 고객으로 생각하는 프랜차이즈와 파트너로 생각하는 프랜차이즈로 나뉜다.

2장 혼자 창업

▌"줄을 서시오" 대박! 그런데 테이블 수가 왜 이래?　　48
　- 자연스럽게 기본에 충실하면 때론 대박의 기회가 온다.

▌해외 창업, 현지화하란 소리 지겹지만 또 해야겠다.　　53
　- 입맛이 전혀 다르다. 우리 입맛에 안 맞아도 현지화하면 성공한다.

▌아침 조회와 정기적 서비스 교육이 강력한 무기가 된다.　　　57
　　　- 종업원에 대한 지나친 호의나 편의는 폐업을 앞당긴다.

▌절박해서 시작한 포장마차, 인내를 가지고 버텼다.　　　64
　　　- 죽을 각오로 인내하는 자에게는 당할 재간이 없다.

▌세상은 넓고 장사할 곳도 많다.　　　69
　　　- 해외 창업, 현지에서 일하면서 준비하면 정말 쉽게 창업한다.

▌1년 내내, 장사 안되어 투덜거려도 결국 셀프 위로는 한다.　　　74
　　　- 경기 탓에 '나만 그런 게 아닌데'라 위안 삼아도 해결될 건 하나도 없다.

혼자 창업　　　79

　　　- 혼자 창업을 한다면 주위의 바른 소리를 찾아 들어야 하며, 그 소리를 온전히 이해하고 습득하여 잘 활용을 해야 한다. 그러기 위해서는 먼저 거짓된 말(사기)을 어떻게 구분해서 가려내야 하는가가 관건이다.

3장 인테리어

▌임대 보증금, 월세? 이젠 매장을 사고 말겠어!　　　88
　　　- 굳이 임대를 고집할 필요가 있나? 분양도 매매도 있다.

▌호의가 권리라고 생각하는 나쁜 습관　　　94
　　　- 창업 비용의 대부분인 시설 공사! 눈 뜨고 코 베인다.

▌그들의 실체는 '덤 앤 더머'였다.　　　99
　　　- 별다를 것 없다. 전문 용어 몇 개 외워 다닐 뿐이다.

▌인테리어 '동산 VS 부동산' 개념으로 고민해라.　　　104
　　　- 상황에 맞게 인테리어 컨셉을 잡아야 한다.

인테리어　　　　　109
- 장사를 시작하면서 프랜차이즈 가맹점이 아닐 때는 인테리어 시설 공사를 직접 하게 된다. 시설의 중요성이 높아지고 있지만, 돈으로만 해결하려 하지 복합적인 고민은 등한시하고 있다. 반드시 바로잡아 나가야 하는 중요한 요소가 많다.

■ 경쟁 아이템이 기껏 인건비와 재료 원가 긴축이었다.　　　122
- 애당초 경쟁 대상은 없었다. 새는 돈 막고 자신과의 싸움만 하라.

■ 세상에 상권 분석이라는 것은 없다.　　　128
- 스마트폰이 세상을 바꿨다. 소비를 위해선 어디든 찾아다닌다.

■ 셰프는 그냥 일반 노동자일 뿐이다.　　　132
- 배우고 카피하는 순간 평범한 음식이다. 우상화하지 마라.

■ 특별한 맛을 제공하는 식당에는 손님이 없다?　　　137
- 맛에 집착하지 마라. 입으로 들어가면 음식이다.

■ '먹튀'를 잡았더니 처벌하겠다고 한다.　　　142
- 겁 없는 10대들은 당해 낼 재간이 없다. 피하는 게 상책이다.

1. 서비스의 이해　　　　　147
- 서비스가 고된 노동으로 시작되어서는 안 된다.

2. 음식의 이해　　　　　149
- 맛의 원인은 배움에서 찾지 말고 마인드와 환경에서 찾아라.

3. 요리 과정의 여러 방식　　　151

- 밀키트는 지고 슬로턴트 방식이 도래한다.

5장 여론과 제도

▌TV 맛집 촬영의 실체　　　160
- 정보 제공자의 저의를 의심해 보자.

▌상표 등록 직접 해도 쉽게 받을 수가 있다?　　　165
- 부자 되기 점포 창업은 상표 등록으로부터 시작된다.

▌종업원들은 노동청에 든든한 뒷배가 있다?　　　169
- 사회적 최고의 약자는 외로운 자영업자다.

▌생뚱맞게 언론사에서 우수 기업 대상을 준다나?　　　175
- 언론의 역할을 끝까지 믿어 보겠다는 말로 대신한다.

소상공인들이 힘들어하는 이유는 따로 있다.　　　180

- 자영업자들은 법과 원칙을 지켜 나가면서 불법 시위 한 번 없이 성실한 세금 납부로 국가에 협조한다. 그런데 국가는 소상공인, 영세 자영업자들을 위해 무엇을 하고 있으며, 그 많은 관련 단체들은 또 무엇을 돕고 있나? 배려인 듯 묘한 레토닉으로 위장, 권위에 복종시키려 하고 앞서 있는 서열 위계에 저항하지 못하게 희롱의 대상으로 굴복시키고 있지 않았을까?

상표 등록과 도메인　　　186

서문

'왜?'라는 말은 누구에게는 의심이 되고 누구에게는 호기심이 된다. 인생사를 보면 늘 결심을 하고 결정을 해야 하는 날들의 연속이다. 그럴 때면 저의를 궁금해하며 예측 시뮬레이션을 하는 것과 긍정적인 관심이 유발되어 미래 청사진을 그려 보는 것으로 결정을 내리곤 한다. 바지 주머니에 동전을 수북이 넣어 다니던 시절에는 호주머니의 기능을 단 한 번도 의심해 본 적이 없을 것이다. 지금처럼 가난으로 점철된 시린 손을 잠시나마 넣어 두는 역할과는 사뭇 다르다. 그만큼 세상이 변화할수록 기능의 역할도 진화해 가야 하지만 우리들의 근성은 고집에 머물러 있다. 배우고 따라만 하는 장사의 최후는 늘 한결같다.

우리는 장사를 하찮은 직업이라며 큰 의미를 부여하지 않으면서도 자신들이 하는 장사에는 영혼까지 불어넣어 혼신의 힘을 다해 본다. 드라마틱하고 굴곡진 삶을 추억하면서도 마지막까지 옷깃을 세우려 하는 모습과 다를 바 없다. 행복, 희망의 지렛대에 성공과 실패가 걸터앉아 있는데 소유자와 사용자가 다르다는 의미이다. 편견이라는 생각과 오만이라는 행동들은 자신들의 언행을 정당화하기 위한 술수에 불과하다. 직업에 계급과 계층이 존재한다고 생각하거나 국민 전체를 대상으로 눈치나 보고 살아온 인생사라면 가난을 끼고 살거나 연금이라도 받으며 밥만 먹고 사는 것이 현명할 것이다.

나는 이 책을 꼭 '선물을 해야겠다'는 심정으로 집필을 했다.

나는 이 책을 집필하면서 내가 만난 수많은 자영업자들에 대해 주마등에 잠시 머물며 회상의 시간을 가졌다. 200만 원의 신화를 자랑질한다거나 이력에 잉크 좀 더 묻혀 보겠다는 의도로 활용할 생각이었다면, 책 내용이 하느님 또는 부처님 말씀처럼 들리도록 집필했을 것이다. 지난 소중한 인연들이 성공한 창업으로 '효학반'이었을 때와 실패한 창업으로 '타산지석'이었을 때의 즐거움과 가슴 아픈 일들로 나뉘어 큰 교훈을 가져다주었다. 그것은 바로 '책임'이라는 교훈이었다. 물, 불, 칼. 이것은 요식업의 기본 재료이다. 칼을 차고 전장에 나가서 물불을 안 가리고 열심히 싸워야만 승리할 수가 있다. 칼의 용처와 물, 불의 지혜를 모아 성공 창업 방법을 거침없이 서술해야만 했다. 눈치 보지 않기. 까발리듯 솔직하기. 반칙이 지혜란 점 전하기. 사기꾼들과 적 되기. 나의 책임은 이렇게 요약된다. 더 이상의 무책임한 논란과 혼란을 없애고 창업 가이드의 표본으로 종결짓고 싶다. 더불어 외식업계에 만연한 자기중심적 소득 환경과 배반에 익숙한 사기꾼들의 정통성을 부정하는 오도된 안내들을 이 참에 따끔한 경고로 뿌리를 뽑아야겠다.

무언가를 준비한다는 것은 설렘과 두려움이 함께 공존한다. 그렇지만 요식업 창업 준비에서는 그것들을 인생 역전을 박수할 수 있는 기회로 만들어야 한다. 집도 사고 결혼도 하고 살림도 하며, 노후도 보장받고 싶다. 아니 인생사 한 번쯤 흥청망청할 수 있어야 한다. 그러기 위해서는 무엇부터 시작해야 되는지 시작점이 정말 중요해졌다. 단순히 '사기 당하지 않았으면', '망하지 않았으면', '거지꼴만 면하게 해 줬으면' 하는 바람보다 갈고리로 돈을 끌어 담도록 성공해야겠다는 목표에 초점을 맞춰 시작부터가 조금 꼼꼼해야 할 필요성을 느낀다.

외식업 창업에서 능력의 부재는 없다. 멀리 돌아갈 필요도 없다. 조금만 꼼꼼히 하고자 한다면, 그냥 이 책만 믿고 덤비면 된다. 요식업 창업을 결심했고, 꿈꿔 온 창업 스토리를 써 내려가고 싶다면, 출구 없는 미로 찾기로 허송세월 보내지 말고 여기서 빠른 지름길을 찾으라 명령하고 싶다. 이 책은 절망에서 탈출하고 성공을 갈망하며, 원하는 삶을 가져다주기 위해 마련된 선물이 될 것이다. 나는 이 책을 시작으로 보충이라는 책임을 지속해 나갈 것이며, 반항에 따라 순양하게끔 앞으로도 내 의무와 책임에 최선을 다해 끝까지 A/S 해 줄 것이다.

성공의 길라잡이가 되는 소중한 선물을 받으시라.

그래서 반드시 성공하시라!

글쓴이 안도

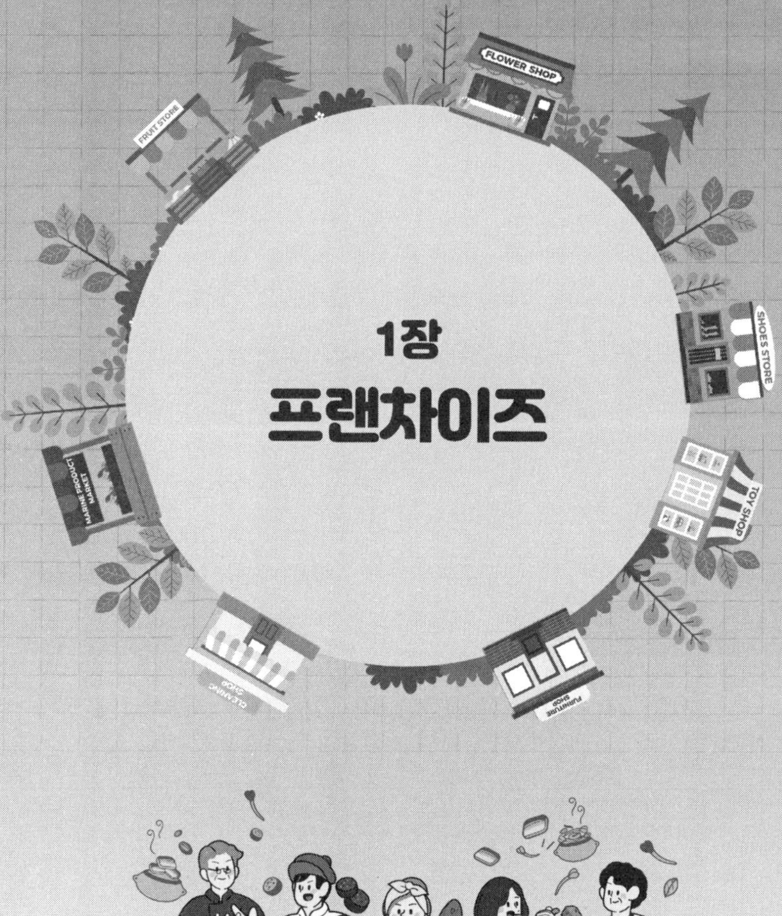
FRUIT STORE
FLOWER SHOP
SHOES STORE
TOY SHOP
FURNITURE SHOP
CLEANING SHOP
MARINE PRODUCT MARKET

1장
프랜차이즈

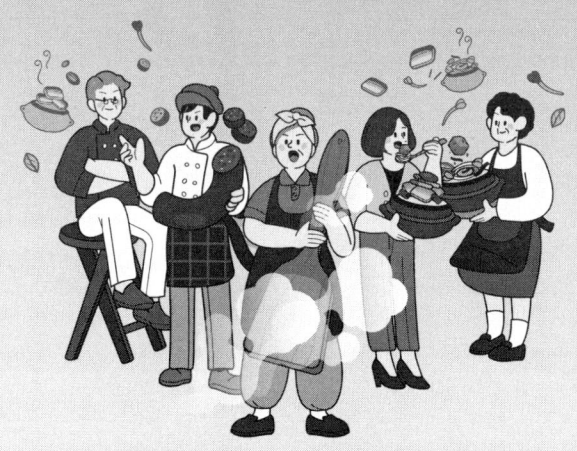

직영 매장의 비밀

1990년대 후반, 친구의 부탁으로 생맥주 프랜차이즈 직영 1호점 점장으로 출근하게 된다. 내 나이 20대 중반이었고 난생 처음으로 직원을 둔 점포 장사를 경험하게 되었다. 20평 남짓한 작은 가게였지만 나와 주방장, 홀 서빙 아르바이트생 2명, 이렇게 4명이나 근무하는 매장이었다. 난 그곳에서 3개월가량 근무하다가 갑자기 본사 직원이 창업하는 점포의 점장으로 자리를 옮기게 된다.

　일을 잘해서 다른 곳으로 옮겨 가는 줄만 알았지, 그것이 잘렸다는 통보인 줄은 그 당시에는 전혀 눈치채지 못했다.

직영 1호점의 본사 운영 방침은 이러했다. 손님 유치를 위해 안주 하나를 주문하면 서비스 안주가 1~2개 추가로 제공되었으며, 심지어 단골손님과 주문이 많은 테이블에는 3개가 나가기도 했다. 출근 3일째 되는 날, 서비스 안주가 많아 노동 강도가 높아서일까? 주방장이 한마디 했다. 사실 전임 점장(본사 대리)은 직원들한테 매일 부수입으로 1인당 4~7만 원씩 챙겨 주었다며 나보고도 챙겨 달라는 것이었다. 분명 잘못된 관행이었기에 단호히 거부했다. 그로부터 3개월 후 나는 본사 직원이 운영하는 다른 가맹점으로 자리를 옮겨 가야 했다. 그 이후 그 직영 매장에는 전임 점장이 다시 오게 되었고, 그 점장은 또다시 자신과 주방장, 아르바이트생들까지 그들이 원하는 대로 월급 외에 부수입을 챙겨 나눠 가지게 되었다. 본점이 팔릴 때까지 오래도록 그렇게 운영이 되었으며, 당시에는 그 상황들이 당황스러웠다. 내가 점장으로 근무할 때는 아무리 열심히 해도 매장 매출이 오르지 않았지만, 내가 다른 곳으로 옮겨 간 후부터 이상하게 매출이 크게 오르기 시작했다는 것이다. 이유인즉 매출을 많이 올려야만 티 나지 않게 더 많은 돈을 챙겨 갈 수 있기 때문에, 주방장은 힘이 들어도 서비스 안주를 열심히 만들어 내고 홀 서빙도 아무리 힘들고 지쳐도 신나게 일할 수밖에 없어서였다. 손님들도 친절한 홀 서비스와 푸짐한 안주 서비스를 맥주 매출로 화답하며 매일 출근하다시피 매장을 찾았다. 매일 6개의 테이블은 손님들로 문전성시를 이루어 매출이 꾸준히 상승했다.

결과론적으로 매출은 높은 반면 영업 이익은 거의 없었지만, 직영점의 역할로써는 충분 그 이상이었다. 1년도 안 되어서 가맹점 100호점이 나갔으며, 심지어 그 20평의 직영점도 1년 만에 권리금 등으로 1억 이상 남기고 팔 수 있었다. 눈치들 챘겠지만, 직영점의 역할은 손님이 바글바글해야 하고 그로 인해 가맹점을 많이 늘려야 하며 최종적으로 권리금을 아주 많이 받고 직영점을 넘기는 것에 그 목적이 있다는 것을 알 수가 있다.

직접 프랜차이즈 사업을 경영해 보니 직원들의 모든 상황들이 저절로 한눈에 다 파악이 되고 직원과 종업원은 사장 손바닥 안에 있다는 것을 느낄 수가 있었다. 직영점은 시그니처 매장으로 일반 매장처럼 일 매출에 전혀 신경 쓰지 않는다. 수단 방법 가리지 않고 손님이 꽉꽉 차 보여야 하고 그로 인해 가맹점 유치가 최종 목표이기 때문이다. 또한, 몇백만 원의 월 순수익보다 수억의 권리금이 최종적으로 남는 장사라는 것이다. 그래서 일 매출에 연연하지 않고 횡령이 자행되어도 손님과 예비 창업자들을 눈속임할 수만 있다면 모든 것을 용인하겠다는 것이다. 본사 사장은 의도적으로 부추기면 여러 문제가 발생될 수 있으니, 점장을 필두로 현장에서 눈치껏 융통성을 발휘하길 원했을 것이다. 자신들의 행위를 정당화하기 위한 술수에 불과하지만, 그들은 급이 다른 지혜라고 포장하거나 숨긴다.

자리 한번 비우지 않고 힘든 일 다 참아 가며 성실하고 정직하게 정말 열심히 일만 했을 뿐인데 회사는 나를 쓸모없는 존재로 낙인찍어 잘랐다. 일을 너무 잘해서 월급을 올려 주기 위해 더 편한 가맹점으로 옮겨 주는 것이라며 마지막까지 나를 기만했었다. 직영 매장과 달리, 옮겨 간 가맹점은 본사 직원이 운영하는 곳이기에 정직하고 열심히 일하는 나를 늘 고용하고 싶어 했었으며 결국 그렇게 쌍수를 들고 환영을 해 주게 되었다.

가난한 생각으로 양심을 파는 종업원과 그것을 묵인하고 방조하는 본사. 그들이 각자 얻고자 하는 것이 기껏 배신의 만찬이었었나?

말로만 선명성 경쟁을 주창하는 프랜차이즈 업체들이 정말 가증스러울 때가 많다. 예비 창업자들도 어디까지가 진실인지를 두 눈 크게 부릅뜨고 봐야 한다.

내 점포를
공동 운명체로 만들라.

'포차' 창업 의뢰를 받고 몸만 들어와서 장사할 수 있도록 컨설팅해 줄 때 일이다. 저렴한 창업 비용과 앞으로 있을지 모를 프랜차이즈 사업까지 연계할 수 있도록 시스템을 구축해 줄 것을 요구해 왔던 사례였다.

나는 점포 인테리어 공사를 시작하기 전에 주류 회사를 비롯하여 여러 곳의 거래처를 정하기 위해 많은 업체를 만나야 했다. 그리고 품목별 여러 거래처를 만나서 이렇게 계약을 했었다.

주류 회사에서 4구 주방 냉장고와 제빙기 무상 대여, 식재료 회사에서 실내 실사 메뉴판과 실내 포리문자(고무스카시) 무상 지원, 포스기 회사는 오픈 이벤트와 전단지 지원, 음료 대리점에서는 정수기 무상 대여, 심지어 판촉물 업체에서는 인테리어 소품을 지원받아 오픈시켰다.

가맹 사업을 할 때에 인테리어 담당 실장님이 나에게 이런 질문을 한 적이 있다. '도대체 사장님은 남는 이윤이 있습니까?' 당시 동종 업계 경쟁 브랜드의 평균 창업 비용은 인테리어, 집기 포함해서 20평 기준 약 8,000만 원 정도였으나 같은 조건의 내 브랜드 창업 비용은 4,000만 원으로 반값에 가맹점을 내주었으니 당연히 그런 말이 나올 법도 했다. 반값 창업 비용이 가능했던 이유, 그래서 프랜차이즈 사업이 승승장구했던 이유는 최소한의 인력과 강도 높은 긴축으로 창업 비용에서 경쟁력을 높였고 무엇보다 경제 공동 운명체인 거래처와의 특별한 전략적 관계가 주요했기 때문이다. 또한, 자신의 건물에서 대를 이어 장사를 할 계획이 아니기에 딱히 임대 점포에 아주 비싼 시설의 필요성을 못 느끼는 실속 창업 희망자분들에게 많은 호응을 얻었다. 가맹점주께 계약 전에 반값 창업의 이유(거래처의 대여, 협찬, 지원)에 대해 설명을 드리면 동의 차원을 넘어 '감사하다'고까지 말한다. 그 이유는 다음과 같다. 거래처, 주류 회사에서 홀 주류 냉장고 외에 4구 주방 냉장고와 제빙기 무상 대여를 받기 때문에 새 제품 기준으로 2개 합쳐 최소 500만 원 정도를 창업 비용에서 절감시켜 줄 수가 있었고, 사용 중에 혹시 고장이 나더라도 몇십만 원의 수리비도 신경 안 써도 된다. 장사하는 동안에는 주류 회사로부터 신속한 무상 수리까지 받을 수가 있다는 것이 더 큰 장점이다. 또한, 폐업이라도 하게 되면 폐업 전문 업체를 부를 일 없이 일체 신경 쓰지 않아도 무거운 집기들을 스스로 수거해 가는 편리함까지 담보된다. 단순히 창업 비용만 줄인다는 차원이 아닌 것이다. 그리고 식재료 업체에는 자신들이 공급하는 재료에 대한 각종 메뉴 실사 사진과 포리문자(고무스카시)를 실내 인테리어 벽면에 멋있게 장식하고 메뉴판까지 모두 무상으로 제작하게 하여 인테리어 비용에서 경비를 더 줄일 수가 있다. 음료 대리점들로부터는 정수기 무상 구입 설치를 받아 1년에 2만 원도 안 되는 필터 비용만으로 정수기를 사용할 수 있도록 했다. 매장들이 1층이라서 혹시라도 있을 수 있는 누수도 전혀 걱정 필요가 없고 관리도 편리하다며 대만족들 한다. 그렇게 정수기 구입 비용도 줄인다.

그 외에도 포스기(카드 단말기) 업체에서는 오픈 이벤트와 전단지 지원, 판촉물 업체는 인테리어 소품 지원까지 큰 금액의 비용을 세이브할 수가 있다. 이렇게 창업 비용에서 수천만 원의 절감 효과가 있어 반값 창업이 가능했던 것이다. 그로 인해 염려가 될 법한 물류 제품의 퀄리티나 신선도에도 문제가 없도록 하고, 그럼에도 원할한 공급과 저렴한 단가를 거래 선제 조건으로 계약하기 때문에 아무런 문제가 없다. 거래 업체들도 주판을 두들겨 보고 남는 장사였기에 후원과 지원을 해 주지 않았겠나? 그런 지원 협상은 개인은 쉽지 않지만 컨설팅 업체나 프랜차이즈 업체들은 능력에 따라 충분히 좋은 조건의 지원을 더 많이 받아 낼 수가 있으며 무엇보다 창업 비용의 투명성이 확보된다는 점이 가맹점을 희망하는 점주분에게 크게 어필된다. 가맹점주분들에게 투명하게 창업 비용을 공개하여 창업 비용에 대한 오해와 불신을 없애고 실질적인 비용 절감의 혜택은 물론, 본사와의 신뢰까지 가져갈 수 있다. 그렇게 하지 않는 컨설팅 업체나 프랜차이즈 업체는 점주들 몰래 백마진 같은 검은 거래나 다분히 회사의 이익만을 챙기려고 하는 경우도 분명히 존재한다.

이 모든 것을 종합해 보면 상호 이익 관계를 넘어 결국 경제 공동 운명체가 된다. 가맹 본사의 투명한 경영 철학으로 가맹점의 저렴한 창업 비용을 가능케 했으며 그로 인한 가맹점들의 본사에 대한 무한 신뢰로 영업에만 전념할 수 있게 된다. 거래처 또한 '을'의 입장에서 프랜차이즈 본사에 끌려다니기보다 공동 경영이라는 책임, 즉 주인 의식을 불러일으켜 안정된 수익을 보장받을 수 있게 된다.

몰라서들 그럴까? 아쉽지만 현존하는 프랜차이즈 업체 중에 그러한 마인드로 경영하는 곳은 단 한 곳도 없다.

낚싯배를 탔더니
침수되어 침몰하는 배였다.

몇 년 전에 인터넷에서 읽은 기사다. 국내 매장은 없지만 중국에서는 꽤나 성공해 북경에서 시작한 장사가 거침없이 다른 지역까지 퍼져 직영점을 여러 곳 운영한다는 분식집 사장님의 기사였다. 매장 인테리어 컨셉부터 고객과 종업원 관리까지 구구절절 극적인 표현들을 통해 성공한 젊은 여성 사업가로 묘사되어 기사화되었다. 현지인 손님들 반응이 식을 줄을 모른다며 지금의 분식 브랜드로 자신이 K푸드 세계화에 앞장서겠다는 장밋빛 미래를 구체적으로 언급하기까지 한다.

포털 사이트에 소개된 이 기사는 한눈에 딱 봐도 '기사성 광고구나'라고 바로 의심이 갔다. 내 눈에는 식상하리만큼 빤한 기사 내용인데도 순진한 국민들이 보기에는 '해외에서 성공한 여성 사업가'라고 우기기에 충분해 보이는 완벽한 기사로 포장되어 있었고, 진실된 저의는 풀 수 없는 수수께끼로 궁금증만 커졌다. 어제까지의 추억은 기록이 아니라 해석이라 했으니, 사장의 생각과 기사의 의도는 기사를 접한 분들의 몫이었을 것이다.

나는 기사를 보고 얼마 지나지 않아 중국에서 사업하는 친구와 그 기사 내용에 대해 이야기를 나눌 기회가 생겼었다. '그 기사 내용이 사실이냐?', '그런 분식점을 아느냐?', '정말 유명하냐?', '분식점 점포 창업이 중국에서 창업 아이템으로 괜찮냐?' 등등 한참을 이야기했는데, 아니나 다를까? 첫 마디가 '○○분식점이라고 했니?'라고 되레 물어 오더니, 내가 그렇다고 하자 그곳 대표가 한 달 전쯤인가 자기를 찾아왔다는 것이었다. 무슨 일로 찾아왔냐고 물어보니, 그 사업을 인수 좀 해 달라고 했다는 것이다. 마지못해 한번 검토하겠다고 하고선 직원을 시켜 조사를 해 보았더니 답이 안 나오는 회사였다며 침몰하는 배에 비유하며 거절했다고 한다.

가만 보면, 장사로 자수성가한 대표들은 힘들게 키워 온 사업을 오랫동안 지속, 운영하려 하지 쉽게 팔거나 넘기려 하지 않는다. 그것도 사업을 시작한 지 얼마 되지 않아 대박 났다면 더더욱 그러할 것이다. 사업 초기 주변 지인의 도움을 받거나 투자 회사에서 투자를 받아 사업을 진행하였다면, 상황이 달라질 수는 있지만 그것 또한, 일정 기간 브랜드 몸값을 최대한 키워 시장에 내놓으려 할 것이다. 프랜차이즈 직영점에 노포가 없는 것이 그 때문이다. 아무튼, 이런저런 정황으로 판단해 볼 때, 빠르게 변화하는 시장에서 더 이상 버티지는 못 할 것 같고 실패한 CEO라는 소리도 듣고 싶지 않았을 것이다. 그래서 넘길 시점이 이쯤이면 되겠다고 결심했을 것이고 그것이 최선의 선택이라 여겼을 것이다.

여러분도 지금껏 살아오면서 직간접적으로 확신이 서는 사업에 투자나 동업을 권유받거나 아니면, 직접 경험한 적이 한두 번씩은 있었을 것이다. 눈만 뜨면 성공한 사람들의 이야기고 돈 버는 이야기만 듣고 살다 보니 선택과 결정을 앞두고 확신을 절대 의심하지 않는 버릇들이 생겨난다. 결국 판단이 무뎌지고 늘 속기 십상이다. TV나 인터넷에서 멋진 가게를 볼 때면 가끔씩 '와, 나도 그런 가게를 한번 경영해 보고 싶다'란 생각을 한 번씩들 해 보셨을 테다. 그렇게 집중하게 만드는 가게가 매스컴에 나올 때는 가게 사장의 의도가 아주 단순하고 쉽게 정의될 수 있다. 주변에 자랑질하기 위해서, 가게 홍보와 매출을 위해서, 가맹점을 늘리거나 사업 확장을 위해서, 가게를 제값 받고 넘기기 위해서. 이 정도의 의도가 전부이다. 여러분들이 느꼈을 때 자랑질이거나 홍보, 매출을 위해서라고 느껴진다면 그나마 관심을 가지고 직접 운영해 보고 싶은 꿈도 꿔 볼 수 있겠지만, 가맹 사업을 의식해서라든가? 가게를 제값 받고 팔기 위해서 저런다고 느껴진다면 신뢰할 수 있을까라는 의심부터 해 보고 가급적 TV속 화면은 관심을 안 가지는 것이 정신 건강에 좋다.

이렇게 아무리 이야기해도 또 미디어나 주변의 허무맹랑한 소리에 귀 기울이는 예비 창업자가 분명히 있다. 하다 하다 안 되면 별 짓을 다하는 게 나쁜 인간들의 습성이라 지속적으로 혼미하게 인지 장애를 시도하고 가해하는 다양한 방법들은 계속 나올 것이니 조심들 해라.

가맹 본사의
추천 매장은 크다?

20평 식당과 100평 대형 음식점, 두 점포의 인테리어를 한다.

혼자 창업할 때나 프랜차이즈로 창업할 때나 인테리어 업체에게 매장 공사를 맡기는 건 매한가지다.

예컨대 집기를 제외하고 평당 300만 원, 20평 점포라면 공사비로 6,000만 원이 든다. 만약 100평 점포라면 3억으로 공사를 해야 한다.

혼자서 창업을 준비하면 어차피 직접 점포를 물색해서 선택하겠지만, 프랜차이즈 업체나 컨설팅 업자들이 개입하면 매장 상권 같은 것은 뒷전이고 매장 크기에 좀 더 집착하는 경우들을 종종 볼 수 있다.

인테리어 시공업체는 계약 시 최소 면적은 규정해 두고 있지만, 최대 면적 기준은 정해 놓지 않고 있다. 가령 20평이 최소 기준으로 되어 있다면 15평 인테리어를 한다 해도 20평 기준의 공사 비용을 지불해야 하는 경우를 말한다. 반대로 높은 평수의 면적들은 별도의 규정이 없다. 그래서 일부 프랜차이즈 업체와 컨설팅 업체는 가급적 넓은 평수의 점포를 추천하는 경우가 많다.

통상적으로 프랜차이즈 본사나 인테리어 업체에서는 인테리어 시설 비용 견적을 낼 때, 간판 비용은 별도로 하고 실내 평당 금액으로만 견적을 낸다.

보통 공사 작업 분야는 목공 작업, 설비, 전기(조명), 도장(페인트), 타일 그 외에도 필요에 따라 주물, 새시, 유리, 덕트, 아크릴, 실사, 집기, 소품 등등 다양한 작업 분야가 있다. 작은 평수가 되든 큰 평수가 되든 작업 환경은 같으나 넓은 평수일수록 일하는 양은 확 줄고 인건비도 대폭 절감되는 효과를 볼 수가 있어서 업체 입장에서는 기왕이면 수익률이 높은 넓은 면적의 현장을 선호한다는 사실을 아셔야 한다. 프랜차이즈 본사나 컨설팅 업체는 인테리어 공사를 외주 업체에 맡기면서 투명성을 강조하지만 실제로는 기본 평수 초과분에 한하여 백마진을 챙기는 경우가 허다하다.

예컨대 같은 재료가 들어가는 음식을 20인분, 100인분으로 따로 만든다고 가정해 볼 때, 재료비(대량 구매 시에 원가 절감 효과)에서 약간의 차이만 있을 뿐, 식탁에 숟가락 하나 더 올려놓는다고 생각하면 이해가 좀 더 쉽게 될 것이다. 준비부터 마무리까지 시간 비례

인건비의 절감 효과도 크게 작용한다.

경험적으로 순수 인테리어 비용만 평당 300만 원으로 가정해 볼 때 20평 기준으로 6,000만 원이라면, 100평 기준에서는 평당 200만 원으로 2억이면 충분한 견적이 될 수도 있다. 이런저런 이유에서 창업자 입장은 큰 평수일수록 직접 인테리어 하는 것이 훨씬 유리하다.

정리해 보자면 10평이든 1,000평이든 인테리어 공사를 시작하면 어차피 해야 하는 작업 내용은 동일하다고 말했다. 설비, 목공, 전기 배선 작업을 시작으로 페인트, 타일, 소품 작업까지 필요에 따라 추가로 공사하는 분야도 많지만 크든 작든 반드시 해야 하는 공정은 동일하다. 늘어난 평수만큼 촘촘히 일감이 늘어나는 것이 아니고 전기선 길이가 몇 가닥 더 늘어나는 정도로 작업량이 한 번에 함께 진행되거나 연속적인 작업으로 작업 시간이 현저히 줄어드는 환경들이 분명히 작업 원가 절감에 큰 도움이 된다. 참고로, 큰 매장일수록 업자 입장에서 현장 근로자와의 근로 계약을 일당 계약이 아닌 평당 계약으로 마진을 크게 높인다.

이 모든 분야(파트)별 작업 책임자가 견적을 낼 때 평수에 따라 작업 원가 비용이 많이 달라진다는 사실이다. 가령, 전기 공사를 한다고 보자. 재료비(조명 제외) 포함 20평 공사에 평당 15만 원이라고 가정하면 총 공사비가 300만 원이 되고, 100평 공사를 하면 1,500만 원이 되어야 하지만, 인테리어 업자는 전기 시공업자들에게 평당 10만 원 내외의 견적으로 1,000만 원 내외의 계약을 한다. 그런 식으로 인테리어 업체와 프랜차이즈 같은 발주처가 추가 마진을 발생시켜 이익을 챙겨 간다. 간혹 프랜차이즈 직원이 중간에서 장난치는 경우도 있지만 어차피 적은 월급의 인센티브 개념으로 본사 사장은 알면서도 그냥 두는 경우가 많다.

그럼에도 프랜차이즈 본사나 혼자 창업 시 우리가 받아 든 인테리어 업체의 견적에는 10평이든 1,000평이든 간에 평당 가격에 변동 사항은 없다. 다시 말하지만, 고객과의 계약과는 달리 프랜차이즈 본사가 외주를 줄 때와 인테리어 업체가 작업 분야별 책임자에게 공사를 맡길 때는 관례처럼 별도의 내부 규정대로 넓은 면적의 공사일수록 평당 단가를 확 줄여서 견적을 내는 것이 일반적이라고 말할 수가 있다.

인테리어는 창업 비용의 대부분을 차지한다고 봐도 과언은 아니다. 실제 목돈이 들어가는 점포 보증금은 나중에 받아서 나온다고 하지만 인테리어 권리금은 약속될 수가 없다. 불황이 계속되는 상황에서 빈 점포가 늘어나서 인도 시에 권리금 받기는 언감생심이다.

또한 2D, 3D 도면대로 공사를 진행하려 하지만, 막상 시작하면 현장 상황에 맞게 인테리어 자재를 줄이거나 빼는 경우, 추가되는 경우 등 도면 수정이 수차례 반복된다. 자재를 빼는 경우와 줄이는 경우는 비용을 낮춰 주지 않지만, 늘어나면 비용이 가차 없이 추가되므로 큰 평수일수록 추가 비용이 발생할 소지가 많은 것도 문제다.

요즘은 프랜차이즈 본사들도 규정된 디자인 컨셉대로만 한다면 인테리어를 점주가 직접 하도록 용인해 주는 곳도 있다. 점포가 작을수록 프랜차이즈 본사나 인테리어 업체에게 맡겨 공사를 진행하는 것이 맞고 큰 평수일수록 발품을 팔아 직접 분야별 기술자를 고용하여 인테리어를 하는 것이 바람직하다. 그 금액은 수천만 원이 넘게 상당히 큰 차이를 보일 것이다. 물류 사업이 주 수입원인 프랜차이즈 업체들은 작은 평수도 손님이 많아 보이는 효과가 있고 장사가 잘되는 브랜드라는 인식을 심어 주기 좋아 자신들의 매뉴얼대로 적당한 매장 크기에서 크게 벗어나지 않는 선에서는 직접 시설하라는 곳도 있다. 최근 그렇게 인테리어 시설 공사 마진에 연연하지 않는 업체가 많아지고 그로 인해 그다지 점포 크기에는 민감하게 생각지 않는 사례가 늘어났다. 동시에 공사 하자 책임에 자유로울 수 있다는 이유로 점주나 업체에 투명하게 일임하여 인테리어 공사에 전혀 관여하지 않는 분위기는 물류 마진에 집중되고 최대한 분쟁의 소지는 줄이려고 하는 트렌드가 반영되는 듯하다.

프랜차이즈

　오래전 삼성동 코엑스 프랜차이즈 박람회를 다녀오면서 당시 테이프 커팅에 참여한 여러 프랜차이즈 대표(협회 임원)들 중 현업에 계신 분들이 얼마나 될까 알아보니 대부분의 업체들이 사라지거나 브랜드 명맥만 유지하고 있는 곳이 많았다. 왜 그들은 사라지고 그 자리를 또 다른 젊은 CEO들이 자리하고 있을까? 10~20년 전 익숙한 브랜드가 즐비한 길거리 간판들, 탕반 전문점, 분식 전문점, 생맥주 전문점, 고기 전문점, 면 전문점 등의 전문 식당 업종들이 왜? 하나둘씩 간판들을 내려야 했을까? 자신들의 귀족적 포지션을 위해 그렇게 서로 카르텔을 형성하고자 했지만, 결국 애먼 결과를 초래했을 뿐이다. 물론, 몇십 년을 함께하고 있는 친근한 프랜차이즈 브랜드도 아직 많이 있긴 하지만, 그 브랜드들조차 예전 같지는 않아 보인다. 그런데 예비 창업자분들은 그런 현상들을 당연시 여기고 있는 듯하다. 프랜차이즈를 선택할 때 예비 창업자 스스로가 '장사를 평생 할 것도 아닌데'라며 눈앞에 유행하는 업종의 프랜차이즈만 선택하려 한다. 시대적 흐름에 음식 문화도 빠르게 변화하기에 프랜차이즈 브랜드도 한때 유행이라고 단정 짓기 때문이다. 지금 이대로 안일한 생각이 이어진다면 프랜차이즈는 결국 신규 창업 시장에 희망 고문일 수밖에 없다. 총체적으로 시스템의 부실과 책임 의식 부재, 무엇보다 리더십에서 가장 중요한 도덕적 권위의 상실이 경제적 공동체라고 여겨 왔던 그들에게서부터 상생의 해법을 찾을 수 있을 것이라는 착각을 빨리 깨우치게 만든다.

　가맹점주를 직원으로 의식하고 있는지 아니면 고객으로 의식하고 있는지에 대해 그들의 암묵적인 권력에 물음을 던진다. 우리나라의 프랜차이즈 업체들은 가맹점주들을 단순히 고객으로만 여기는 부분이 가장 큰 문제다. 우리도 직장, 조직 생활에서 몸에 밴 습관이 창업에 그대로 묻어 나와, 직장 조직 문화를 답습이라도 하듯 프랜차이즈 회사가 돈을 벌어 줄 것이라고 착각들 한다. 그런데 자연재해나 천재지변으로 식재료 값이 일시적으로 많이 상승했다고 가정해 볼 때, 프랜차이즈 가맹 본사의 대응은 늘 오른 식재료 가격을 오롯이 가맹점에게만 전가하기 일쑤다. 가맹점을 가족이나 직원으로 여긴다면 순이익이 줄더라도 고통을 함께 분담하는 차원에서 장기간 회복하기 힘든 시간을 극복할 때까지는 절대 올려 받아서는 안 된다. 가만히 보면 예비 창업자 스스로가 그런 현상이 발생하는 데 일조한 부분도 크다. 일반적으로 가맹 본사를 찾아 창업 문의를 할 때 한결같이 이렇게 질문하고 있지 않았나? 창업 비용이 얼마나 들어갑니까? 일 매출이 얼마입니까? 마진율이 얼마입니까? 순수익이 얼마나 됩니까? 운영하는 데 힘들지 않습니까? 본사에서 계속 관리를 해 줍니까? 등 빤한 질문들 속에서 그들은 잘 짜여진 상담 매뉴얼, 멋있는 레토릭으로 융성하게 현혹한다. 프로니, 고수니, 전문가니, 나불대는 헛소리들로 판단을 흐리게 만들어, 오도하기 십상이다. 배려가 없고 다양성에 무심한 분위기를 견딜 수가 없지만, 무지가 약점이다 보니 장사 도구로 이용당하는 느낌을 지울 수가 없다.

만약, 치킨 가맹점을 예로 들어 이런 질문을 하면 어떨까? 본사가 납품하는 닭은 몇 호 닭인지? 닭의 원가와 품목별 원·부자재 단가표는 제공하고 있는지? AI(조류 인플루엔자) 발병 같은 비상시 닭 구입 단가가 어떤 방식으로 변동이 되는지? 생닭, 파우더, 소스 등이 OEM 방식인지, 아니면 자체적으로 공장을 운영하여 개발, 가공, 납품까지 다 함께하고 있는지? 본사에게 상권 분석 자문 요청을 하면 횟수에 상관없이 무료로 해 주는지? 랜덤으로 가맹점 일, 월 매출을 공개 확인시켜 줄 수 있는지? 메뉴 개발이 꾸준히 이루어지고는 있는지? 인테리어는 직접 해도 되는지? 특정된 것 외의 비품들은 직접 구입 가능한지? 심지어 가맹 계약서의 불합리한 조항을 변경, 수정, 삭제 가능한지 등등 디테일하게 질문을 해 보면 어떨까?

본사 직원들 손에 이끌려 가맹점 방문이나 상권 분석이라는 미명 아래 이곳저곳 무의미하게 임장하는 시간 낭비는 생략하고 홀이 있는 여러 프랜차이즈 가맹점들을 직접 발품을 팔아 뛰어다니고 매장도 직접 임장을 하면서 현실 체크를 축적해 나가야 한다. 동시에 브랜드별 본사들과 오랜 시간 꾸준히 관계를 가지면서 창업을 천천히, 꼼꼼히 준비해야만 한다.

최근 창업 시장이 위축되면서 프랜차이즈나 창업 관련 업체의 잉여 인력들이 한꺼번에 창업 컨설팅 일을 하게 되고, 가공의 여지가 있어 보이는 데이터를 참고로 높은 마진과 수천만 원이 넘는 수익을 낸다는 식의 업종 선택과 업체 소개를 하는 사례가 많이 늘어나고 있다. 참고로 프랜차이즈 업계의 통계들은 광고 수단으로 활용되기 때문에 나는 각종 통계 자료의 정확성을 의심하고 통계 조사 기관과 조사 의도를 분석하고 난 뒤 참조로만 이해할 뿐, 업계의 자료나 데이터는 절대 믿거나 맹신하진 않는다. '어느 가맹사 업체를 선택할까?' 하고 인터넷 쇼핑이나 하듯 모니터만 기웃거리는 한심한 예비 창업자들 입장에서 그런 통계들은 호기심을 자극하는 광고에 불과하다고 여기기 때문이다. 그런 참고용 통계 중에는 해마다 가맹 본사 수, 브랜드 수, 가맹점 수는 지속 증가세를 보이면서도 동시에 폐점률도 꾸준히 늘어나는 것이 참 아이러니하다. 가맹점은 늘어나지만, 가맹점을 이용하는 고객 수요는 오히려 줄어든다는 통계는 적지 않은 프랜차이즈 업체가 부실한 경영을 한다는 반증이기도 하다. 그럼에도 예비 창업자 입장은 한결같이 '어쩔 수가 없어서', '선택의 여지가 없어서'로 귀결한다.

도무지 답을 찾기가 힘든 현실에 소상공인 자영업을 위한 정부 지원 정책 또한, 공급 과잉 업종에만 치중하고 단기 지원에 편중되어 있으며, 버틸 만큼의 지원 정책만 일관하기 때문에 소상공인 자영업자들의 시름이 한층 더 깊다. 그 속에 성공 창업을 빙자한 사례를 앞세워 프랜차이즈가 창업 전문 업체이니 그들과 상의하라는 식이다. 그렇게 프랜차이즈 업체들을 방문하면, 주로 직영점으로 운영되는 시그니처 매장을 기준 삼아 희소가치의 우월성을 바탕으로 성공 사례만을 설명하고 가맹점의 특장점과 차별화된 시스템을 설명하는 데 여념이 없다. 하지만 상권 분석만 하더라도 역세 상권, 주택 상권, 아파트 상권, 시장 상권, 쇼핑몰 상권, 학교 상권, 복합 상권, 오피스 상권, 특수 상권 등 그 많은 상권 중에 어떤 상권이 업종에 적합한 상권인지, 형편을 고려한 추천인지 전문성에 대한 의문에 믿음은 오래전에 상실되었다. 심지어 이젠 골목 상권까지 무차별적으로 호시탐탐 침탈하는 데만 몰두하듯, 배달 전문점인데도 임대료가 비싼 큰 도롯가에 주차장이 있는 상권을 권하고, 저녁부터 새벽까지 장사하는 업종인데도 낮 시간 유동 인구로 상권 분석을 하며, 유동 인구는 많으나 유효 수요자가 많지 않은 상권을 권하기까지 상식과 순리를 파괴하는 지성의 이탈을 저지르기까지 한다. 그 외에도 일감 몰아주기 같은 방식으로 높게 측정된 재료 구입 단가와 과도한 시설비 요구, 외주 업체를 통한 인테리어 의무 시공까지 영혼이 탈탈 털리게끔 악어의 눈물로 영업을 한다.

여러 창업 사례를 보면 예비 창업자들의 프랜차이즈 업체와의 계약이 실제로는 노예 계약 같은 부당한 조건임에도 본사에 대한 믿음 하나로 열심히 장사를 해 보지만, 막상 시간이 흐를수록 생각했던 것과 다르다는 것을 나중에서야 겨우 깨닫게 된다. 꼴도 보기 싫은 가게로 변모될 때 즈음에 가서야 힘든 시간들을 위로받고 모든 것을 내려놓기 위한 수순으로 프랜차이즈 본사에 넋두리하듯 보상이나 지원 등을 구걸해 보지만 영혼 없는 답변만 올 뿐이다. 생각만큼 장사가 잘되지 않아 투자 비용을 조금이라도 회수하기 위해 직접 폐업도 망설여지지만, 프랜차이즈의 특성상 창업 초기 큰 금액의 투자 비용이 발목을 잡는다. 프랜차이즈 업체들이 폐업을 쉽게 생각 못 하도록 처음부터 창업 비용을 높게 잡는 이유이기도 하다. 최종 폐업을 결정해도 최대한 손실을 줄이기 위해 최소 금액의 권리금을 요구하게 되지만, 여전히 인수가가 비싸긴 마찬가지이다. 팔고자 하는 입장에서는 '이렇게 손해 보고 내놓는 가게인데 곧 팔리겠지'라는 막연한 기대 이익으로 몇 년을 더 버텨 보지만 시간이 지날수록 적자 폭은 더 늘어나는 상황이 되고, 엎친 데 덮친 격으로 프랜차이즈 본사 납품 재료비 외상 미수까지 늘어나면서 계약서상 더더욱 함부로 점포를 처분 못 하는 경우가 부지기수다. 몇 년을 고생한 결과로 '빚밖에 없다'라는 말이 괜히 나온 소리는 아닌가 보다.

그래도 프랜차이즈 업체를 통해 신규 창업을 해야겠다는 예비 창업자분들이 많이 있기 때문에 과연 어떻게 해야 올바른 프랜차이즈 업체를 선택할 수 있을까에 대해서 미사여구로 꾸미지 않고 솔직하게 딱 까놓고 설명해 드리겠다. 먼저 프랜차이즈 업체들에게서 보편적 양심을 기대하지 마시라는 충고의 말씀부터 드리고 시작하겠다. 사실 프랜차이즈 업체의 경영 방침만 놓고 보면 아쉽다는 표현만으로는 내 분노의 억눌림이 제어되지 않아 화가 머리끝까지 치밀어 오르는 경우가 많으나, 그럼에도 헤게모니 포지션이 그동안 허세로 앞세웠던 그들의 속성이란 점에서 사실 '배신'이란 팻말을 달고 있음을 먼저 충분히 의식해야 할 것이다.

올바른 프랜차이즈 업체 선택을 다양한 시각과 방식으로 세분화해서 알아보도록 하자.

첫째로 가맹점이 많은 오래된 브랜드를 선택할 것인지, 아니면 이제 막 시작하는 신생 브랜드를 선택할 것인지부터 살펴보자.

쉬운 표현으로 인지도가 있는 브랜드와 없는 브랜드 중 어떤 선택을 할 것인가와 같은 맥락이다. 인지도가 있는 브랜드는 당장의 수익률이 보장되는 경우가 많다. 높은 인지도로 경쟁력을 갖추었고 시작과 함께 상권 보호에 체계적이며, 무엇보다 홍보나 광고 면에서 지속력이 유지, 관리되어 있다는 장점이 많다. 하지만 상대적으로 창업 비용과 식재료 비용이 높아 순이익이 생각보다 크지 않고, 매장 운영에 있어서 본사가 관리(관심)라는 미명 아래 감시(간섭)를 지나치게 하는 '갑'질 사례가 많이 발생한다. 인지도가 없는 신생 브랜드는 그 반대의 상황일 수밖에 없다. 회사가 자본금이 적고 소규모로 프랜차이즈 사업을 시작하는데, 그런 업체들 대부분은 다양한 포지션에서 전문적으로 조력할 인재의 조직이 약하여 창업에 어려움이 있으며, 무엇보다 홍보가 되어 있지 않아 낮은 인지도가 출발부터 다소 매출에 지장을 줄 수도 있다. 그러나 최근 들어 인테리어 시설과 각종 집기류, 식재료 구입과 같은 본사 의무 시공 구입 조항을 최소화하는 등 신생 브랜드들은 거품 낀 창업 비용 개선에 부단히 노력해 초기 창업 비용을 많이 절감시켰고 상대적으로 마진율이 높으며, 무엇보다 안정적인 수익을 넘어 상황에 따라 더 큰돈을 벌 수 있는 변수가 장점으로 작용하고 있다.

그렇다면, 이 둘 중 어떤 사람이 어떤 선택을 하는 것이 가장 올바른 선택을 하는 걸까? 인지도가 있는 브랜드는 투자 금액이 상대적으로 크지만 안정된 수익을 기대하는 사람들, 즉 전직이 사무 행정직 계통에 계시면서 적극적인 성격이 못 되고 다소 내성적인 성격의 소유자분들이 선택을 고려해 봐야 할 것이고, 더불어 장사를 조금 오래 할 생각을 가지신 분들이 선택하는 것이 좋다. 인지도가 없는 브랜드는 영업을 잘하시는 분이나 적극적이고 외향적인 성격의 소유자가 선택하는 것이 좋다. 이제 막 시작하는 프랜차이즈 업체도 그런 점주를 선호하고 심지어 스카우트를 해 오는 경우도 있는데, 그런 점주를 통해 브랜드 홍보를 배가시켜 가맹점 신규 출점에 큰 효과를 볼 수 있기 때문이다. 가맹점주가 가맹 본사를 키워 주는 모양새인 것이다. 간혹 그런 성향의 점주가 그 점을 가치 사슬로 활용해서 본사와의 협상에 따라 아주 큰돈을 버는 경우도 왕왕 있다.

둘째로 '기존 업종(개발 브랜드) vs 뜨는 업종(유행 브랜드)'의 선택.

유행을 안 타는 흔한 업종이지만 꾸준히 소비되는 안정적인 업종으로 조리 방식이나 소스 개발 같은 기존 메뉴에서 업그레이드만으로 차별화시켜 가는 기존 브랜드와 시대 변화에 따라 유행하는 업종이나 유행 예측 가능한 뜨는 업종 브랜드 중 어떤 업종과 브랜드를 선택할 것인가?

먼저, 기존 업종의 개발 브랜드는 어떤 것이 있을까? 대표적으로 치킨, 족발, 햄버거, 피자, 삼겹살, 돼지갈비, 해장국 전문 등이 대표적일 것이다. 뜨는 업종, 유행 브랜드로는 주로 신문, 방송, 컴퓨터, 모바일 등 각종 미디어를 통해 그때그때 입소문으로 유행하고 '창업'이라 검색하면 가장 많이 검색되는 업종이나 상표가 노출되는 브랜드일 것이다. 프랜차이즈가 활성화되기 시작한 1990년대의 생맥주 전문점, 분식 전문점부터 얼마 전까지는 커피 전문점이나 아이스크림 도매점, 떡볶이 전문점, 전문 제과점, 밥버거, 마라탕, 대만 카스텔라, 흑당 버블티 등등이 있다.

　조리 방식의 시스템 개발이나, 맛의 차별화를 줄 수 있는 소스 개발에 초점을 맞춘 예비 창업자라면 기존 업종 브랜드에 업그레이드하는 방식으로 창업을 준비하는 편이 좋을 것이고, 이런 경우는 대중적인 업종들로 편중되어 있어 오랜 기간 장사를 염두에 두고 창업을 시작하는 것이 좋다. 요리에 관심이 많고 오래도록 꾸준히 장사할 계획을 가진 상태에서 여러 프랜차이즈 업체들을 꼼꼼히 검증하여 자신의 입맛에 가장 잘 맞는 브랜드를 선택해서 장사를 시작하면 된다. 경영 노하우가 쌓이고 개인 영향에 따라 메뉴 개발을 통한 자체 브랜드 개발로 직접 프랜차이즈 사업까지 시작하는 폭넓은 사업 확장으로 이어지는 방법들도 있다.

　반대로 뜨는 업종, 유행 브랜드를 선택하는 경우에는 가급적 투자 비용이 적게 들어가는 업종과 그 업종들 중에서도 반드시 인지도가 있는 브랜드를 선택하는 것이 유리할 것이다. 최근 밴드왜건 효과의 소비층이 부쩍 많이 늘어나는 추세여서 오랜 시간 꾸준히 성행, 성업하여 새로운 음식 문화의 업종으로 자리 잡을 수도 있겠지만, 주로 짧은 기간의 유행으로 끝나는 경우들이 다반사기에 짧은 기간에 치고 빠지는 장사로 계획을 하는 것이 좋을 듯하다. 젊고 도전 정신이 강하고 한자리에서 꾸준히 일하는 스타일이기보다, 활동적인 성격에 유행을 잘 파악, 분석할 줄 알고 미래 창업 시장에 대한 관심과 사업을 예측하는 재능이 있다면 창업을 준비하는 그 시점에 뜨는 업종, 유행 브랜드를 선택하는 것도 좋은 판단이 된다.

마지막으로 배달 장사와 매장 장사에 대해 알아보자.

배달 앱 시장이 언택트 문화로 자리 잡으면서 배달만 전문적으로 하는 프랜차이즈 업체들이 많이 생겨났다. 오래전에는 작은 규모의 매장에서 배달 직원을 고용하여 장사를 했다면, 최근에는 앱에서 주문해서 배달 라이더를 통해 배달하는 방식으로 대부분 바뀌어 정착되어 간다. 팬데믹이라도 발생하면 오프라인 매장들도 떨어진 매출을 만회하기 위해 어쩔 수 없이 배달을 할 수밖에 없게 되고 배달 장사만 하는 점포도 매장 장사를 선택적 매출로 병행을 염두해 두고는 있다. 하지만 시간이 흐를수록 전문화를 요구하는 사회 분위기가 그대로 반영되어 소규모로 배달을 전문적으로 하는 배달 시장과 오로지 오프라인에서 매장 장사만 하는 두 가지 창업 방식이 좀 더 뚜렷이 양분화될 것이다.

배달 장사는 1인 창업이 가능하고, 상권에 구애받지 않으며, 창업 비용이 적게 든다는 점과, 배달 대행으로 배달 사고의 위험 부담이 전혀 없다는 장점들이 있겠지만, 그만큼 순마진율이 낮아질 수밖에 없고, 온라인상에 고객들의 평가 글(후기 글&리뷰)로 인하여 고객 관리에 정신적 스트레스가 가중된다. 그로 인해 경쟁력 열세 심화를 극복하기 위한 이벤트 행사나 과다한 광고비 지출로 부대 비용들이 비만해져 경제적 손실까지 자산의 축적을 저해시키고 있다. 그렇다면 배달 장사를 할 때 어디에서 어떤 업종으로 장사를 해야 할까? 업종 선택이 가장 중요하다. 가급적, 사람들이 선호하는 대중적인 음식의 업종보다 배달로는 흔치 않고 마니아층이 두터운 차별화된 음식의 업종을 선택하시라 추천드리고 싶다. 하나의 업종에 경쟁 브랜드가 적은 친환경 건강 식품 관련 음식이나, 희소성이 있는 식재료 음식과, 높은 단가의 고급 요리, 그리고 슬로턴트(slowtant)가 앞으로 유망 배달 업종이 될 것이다. 이런 경우 굳이 프랜차이즈가 아니라도 전수 창업 형태의 배달 창업을 해도 무방하다. 한 가지 명심해야 할 것은 배달의 특수성으로 늦은 배송 시간과 음식의 신선도를 각별히 신경 써야 할 것이다. 앞으로 소비자에게 전가되는 배달 수수료가 점점 고객들의 부담으로 작용되어 픽업 주문이 늘어날 것이라 예측해 볼 수 있는데, 그럴 경우를 대비한다면 결국 창업 시 A급 상권은 아니라도 매장 위치(상권)와 매장 인테리어(시설)를 잘 갖추어 놓는 것도 중요해 보인다.

  매장 장사는 어떨까? 혼밥, 혼술과 같은 1인 가구 시대에 배달 시장이 꾸준히 성장한다는 전제하에 논리적으로 매장 장사 또한 작게라도 동반 성장할 가능성이 높다. 편리함에 익숙해질수록 직접 해 먹는 음식보다 외식과 매장 포장(픽업 주문)으로 먹는 음식이 일상화되기 때문이다. 그러한 이유로 창업 시장의 블루 오션으로 부각되는 매장 픽업 주문은 배달 장사에만 국한되지 않아서 매장 장사를 할 경우에도 포장을 할 수 있도록 준비를 하는 것이 좋다.

  * 슬로턴트(slowtant)란? 슬로푸드와 인스턴트 식품의 합성어로 요리된 재료와 요리해야 하는 재료가 반반씩 결합되어 만들어진 음식

주로 소상공인이 아닌 기업 형태의 밀키트(meal kit) 시장이 배달 시장의 대표 주자로 급속 성장은 했지만, 점차 편의점의 인스턴트 식품과 용어만 다를 뿐 별반 다를 것이 없다는 인식이 확산되기 시작하면서 음식의 절반은 직접 쉽게 조리하는 건강 중심 신선식, 슬로턴트(slowtant)가 새롭게 부각되고 있다. 최근 소상공인은 1인 매장 창업이 가능한 '슬로턴트' 창업 방식이 큰 반향을 일으켜 '배달 장사냐', '매장 장사냐'식의 영업 방식과 더불어 슬로푸드, 슬로턴트, 인스턴트처럼 음식을 만드는 형식을 두고도 고심들 하는 게 역력해 보인다.

한(恨)과 흥(興)이 많은 민족성이 인터넷과 모바일 시대와 맞물려 각종 모임과 동호회 활성화로 이어져 오프라인 장소를 찾는 수요는 꾸준히 있을 수밖에 없으며, 학연, 지연을 중요시하는 우리의 정(情) 문화도 한몫할 것이다. 매장 장사를 선택하겠다면 배달 장사와 달리 대면 장사라는 점에서 고객들과의 직접 소통과 서비스의 중요성이 사업 수명을 좌우하게 된다. 또한, 땅 파서 장사하는 것이 아니라면 시간과 비용 같은 것에 예민할 수밖에 없다는 점에서 가급적 식거나 상할 수 있는 기온에 민감한 음식은 피하고 요리 과정이 번잡해서도 안 되며, 먹고 남은 음식들도 포장이 가능하게 해서 가정에서 오래도록 냉장고에 보관해 먹을 수 있는 음식의 업종이 유리하다. 또한, 참치 전문, 곱창 전문, 막창 전문처럼 유통 시장의 접근이 까다로워 혼자 창업이 쉽지 않은 업종과 색다른 제과 제빵, 퓨전 떡, 아이디어 케익, 속 다른 만두같이 꾸준히 창의적인 맛과 디자인이 요구되는 업종, 다채로운 구성으로 변화와 변형을 줄 수 있는 건강 식품(야채, 과일, 샐러드) 관련 음식 전문점 등을 고심해 보시라 말씀드리고 싶다. 치킨, 볶음, 무침, 전골 등의 주점과 탕반, 찌개, 분식 같은 식사 위주의 식당 등은 수많은 업체와 브랜드들로 선택지는 무궁무진하지만 빤한 업종이라 틈새시장이 있을 수가 없다. 다시 말해, 프랜차이즈의 틈새시장은 업종에는 없고 업체에만 있다. 그리고 꼭 하나 짚고 넘어가야 할 것이 있다. 매장 장사는 오롯이 혼자의 의지대로 직접 운영하지만, 배달 장사는 배달 앱과 배달 라이더의 역할 비중이 경영에 상당한 영향을 줄 수가 있어 동업(배달 앱, 배달 라이더, 매장 사장님) 형태의 공동 경영 체제로 운영한다고 봐도 이상하지 않으며, 장사 시작과 동시에 아쉬울 것이 없는 동업자들과 불편한 동거가 시작된다고 봐도 무방하다.

어떤 형태로든 서로의 장단점들이 확연하니 잘 파악해서 결정하여야 한다.

앞서 언급한, 허세로 앞세웠던 그들의 속성은 사실 지질함이 근원이었다는 점과 변화시켜야 하는 주체에서 변화의 대상이 된 지금, 주변 경쟁 창업자를 위협하진 않는다 해도 창업 시장에 그림자를 던져 준 부정적인 측면이 더 크게 작용하고 있는 것만은 틀림없다. 가맹 본사가 무엇이든 해 주겠다고 과도한 책임을 떠안고 약속할 때는 그 책임감을 보물단지처럼 부둥켜안고 마지막까지 절대 내려놓으면 안 되며 최선을 다해 영업을 도와야 한다. 가맹점주가 전술가라면 가맹 본사는 전략가고 가맹점이 돛이라면 가맹 본사는 돛대이기에 현실주의자인 가맹 본사 대표는 몽상가인 가맹점주를 위해 최선의 노력을 했으면 좋겠다. 창업자의 간택을 받은 그들은 모든 지혜와 역량을 결집해 성공 창업이 목표가 아니라 과정이라는 사실을 명심하고 노련한 동반자가 되어 주길 바랄 뿐이다.

2장
혼자 창업

"줄을 서시오"
대박! 그런데 테이블 수가
왜 이래?

○○○돈가스 스토리

어느 날 구청에서 전화가 걸려 온다.

구청 직원: 그곳이 ○○○인가요?

가게 사장: 네.

구청 직원: 여기는, 구청인데 돈가스 가게를 운영하시죠?

가게 사장: 네! 그런데요.

구청 직원: 아니, 도대체 허가는 내고 장사하시는 거예요? 전국에서 그곳 가게에 대한 문의가 자꾸 이곳(구청)으로 오는데 찾을 수가 있어야지요. 일단 구청에 한번 들르세요.

오래도록 가깝게 지내 온 대학교 선배(여자) 이야기다. 대학생 시절 데모 시위 현장에서 '형, 형'하면서 많이도 붙어 다닌 기억들이 난다. 그 '형'을 굳이 형용하자면 무소유의 철학을 가진 분이라고 말하고 싶다. 디자인과를 전공한 형은 결혼도 하지 않고 집도 없으며 그 흔한 차도 없다. 낡은 오르간과 진공관 앰프만이 유일한 자산인 형은 음악 감상과 그림 그리기를 좋아하지만 가장 큰 특기는 요리였다. 그런 형이 먹고 살겠다며, 대학가 앞에다가 자그마하게 돈가스 가게를 차렸다. 직접 예쁘게 가게 이름도 짓고 멋진 그림으로 실내 분위기를 연출했으며, 한쪽 구석에 진공관 앰프와 낡은 오르간 같은 아기자기한 소품들까지, 식당이라기보다 문화 예술 공간으로 착각 될 정도였다. 음식 또한, 맛의 기본은 최고의 재료에서 나온다며 돈가스에 들어가는 돼지고기를 고르기 위해 내 차로 지역 축산 농가를 부단히도 찾아다녔고 최고의 맛을 내기 위한 남다른 열정이 있었음을 난 기억하고 있다.

그렇게 오픈한 가게는 얼마 지나지 않아 줄을 서야 맛을 볼 수 있는 대박 가게가 되었다. 테이블 3개로 쉴 틈 없이 손님맞이를 여러 번 반복하다 보면 초저녁에 재료가 떨어진다. 그러면 일찍 가게 문 닫고 한참을 진공관 앰프에서 흘러나오는 클래식 음악에 귀를 가까이하고서 와인 한잔으로 하루의 시름을 달래곤 하는 일상이었다. 내가 기억하기로 그 당시가 형이 가장 행복해 보였던 시기인 것 같기도 하다. 그런데 그런 소소한 행복의 일상을 보내던 어느 날, 구청에서 형 폰으로 한 통의 전화가 걸려 온다. 전국에서 형 가게를 찾아

구청까지 연락이 폭주한다는 것이다. 사실 형은 아무 생각 없이 허가도 내지 않고 그냥 장사를 한 것이었다. 그런 가게가 인터넷으로 소문이 꼬리에 꼬리를 물어 전국적으로 유명해져 있었던 것이었다. 그것뿐만이 아니다. 그 이후 가맹점 문의까지 쇄도하기 시작하였다. 어떻게 연락처를 알았는지 요리 교육을 받고 싶다거나 메뉴(레시피) 개발에 도움이나 참여를 부탁하는 등의 전화들이 부지기수로 왔지만 한사코 모두 거절하기 일쑤였다. 단, 주변 어려운 지인들이 프랜차이즈 사업이 아닌 생계 수단으로 도움을 요청해 올 때만 간혹 도움을 주곤 했다. 현재는 허가를 내고 기존 가게 건너편 넓은 2층으로 자리를 옮겨 형의 여동생이 가게를 물려받아 운영하고 있다.

일반 사람들은 가공되어 부풀려 놓은 자신들의 가치를 좀 더 많은 곳에서 평가 받기 위해 부단히 얼씬거리며 살아가고 있다. 그런데 형은 굳이 감추려고 하지는 않으나, 일부러 드러내 놓기는 싫어하는 스타일이다. 형은 지금도 큰 욕심 없이 지난 과거를 숨기고 어딘가의 작은 식당 주방에서 자신만의 아우라를 지닌 채 잘 생활하고 있다고 한다.

생각이 많으면 잔꾀가 생긴다. 잔꾀가 경력이 되면 지름길을 찾기 마련이다. 어떨 때는 개인 성향에 따라 잔꾀가 빠른 시장 개척을 통해 성공 창업의 요인이 되기도 하는 듯하지만, 실상은 고뇌였을 법한 잔꾀였는지도 모른다. 아무튼 확률만 놓고 보자면 묵묵히 앞만 보면서 최선을 다해 천천히 노력하는 자에게 보다 많은 성공의 기회가 주어지는 것이 당연지사일 것이다. 선배의 성공 사례도 여러 경우의 수 중 하나임에는 틀림이 없다. 욕심 없이 일용할 양식만이 필요해 테이블 3개의 작은 가게를 임대하고 무료한 일상에 마음의 양식을 보충하고자 그림을 그리고 음악 들을 공간이 필요했던 것이었는지도 모른다. 그렇게 그냥 하고 싶은 대로 하고 살았을 뿐인데 갑자기 사람들이 그곳에 열광하고 줄서기로 경쟁이라도 하듯 어떻게 알고 찾아들 온다. 테이블 수가 적으니 늘 손님이 꽉 차 보였을 것이고, 재료 핑계로 일찍 가게 문을 닫으니 더욱더 음식에 대한 기대를 키웠을 것이다. 또한 베블런 효과의 현상일까, 대학가 상권 치고는 아주 비싼 가격대였음에도 맛과 분위기에 취해 늘 '줄을 서시오'였다.

  일반인들이 느끼기에는 적은 수의 테이블과 영업 조기 마감이 특별한 선물을 받는 듯한 기분이 들지도 모르지만, 형의 입장은 단순했다. 최고의 돈가스를 만들어 내는 것을 기본으로 두고서라도 '혼자 하고 싶다', '힘들지 않았으면 좋겠다', '빨리 마치고 와인 한잔하며 음악 듣고 싶다'가 전부였다.

  욕심 없는 단순함이 영업 전략이 되어 버리지는 않았을까?

해외 창업,
현지화하란 소리
지겹지만 또 해야겠다.

2015년 대학 친구를 만나기 위해 북경 비행기에 몸을 실었다.

 얼마 뒤 북경 공항에 도착해 마중 나온 친구의 차를 타고 친구의 집으로 향했다. 친구의 집은 북경 시내에 2개 층을 쓰는 넓은 복층 구조의 아파트로 성공한 사업가임을 짐작할 수가 있었다. 며칠을 머무는 동안 친구의 회사 사무실, 북경과 톈진에 위치한 백화점 내 직영 매장 몇 군데, 북경 외곽에 있는 수천 평 규모의 물류 공장까지 방문하면서 100개가 넘는 직영 매장, 2,000명에 가까운 직원을 거느리는 그 녀석이 참 대견해 보였다.

우리 주변에는 장사해서 성공한 CEO를 종종 볼 수가 있다. 그런데 모르긴 몰라도 해외에서 외국인이라는 신분으로 외식 창업하여 이렇게 성공한 사례는 보기 드문 일일 것이다. 대학에서 함께 경영학을 공부한 친구였던 그 녀석은 어느 날 갑자기 홀연히 미국 유학을 가게 되었고 20년 세월이 훌쩍 지나고서 만났을 때는 중국에서 성공한 사업가로 변모해 있었다. 사연인즉슨, 미국 유학을 갔다가 여러 사정으로 인해 중국 유학으로 유턴하게 되었다는 것이다. 친구는 중국 유학 시절 학교에서 지금의 한족 아내를 만났고 그곳에 정착하기 위해 아내와 같이 장사를 하기로 결심한다.

우여곡절 끝에 부모님의 지원으로 3,000만 원을 가지고 북경의 한인촌 왕징에서 장사를 하게 되었지만 누구에게도 있을 법한 지인의 배신으로 두 번의 실패 경험을 하게 된다. 담배 하나 사 피울 돈이 없어 한동안 무척 힘든 시기를 보냈다고 한다. 또다시 무언가를 하기에 두려워할 법도 한데 반드시 성공해야 한다는 절박함 때문이었을까, 500만 원으로 다시 시작한 한식 가게로 지금의 자리까지 오게 되었다고 한다. 그러면서 분명한 사실은 정말 피나는 노력으로 열심히 일만 했다고 한다. 나는 친구의 반추와 성찰로 이루어 낸 미라클을 감정적 배설을 통해 논하고자 하지 않겠다. 다만 상식과 배치되는 몇 가지 상황을 같이 고민해 볼까 한다.

첫 번째로 매장의 한식들이 한국인 입맛에 전혀 맞지 않았다. 다수의 한국인들이 그렇게 생각을 한다. 비빔밥부터 덮밥, 분식까지 다양한 음식들을 판매하고 있지만, 뭔가 한국 음식이라고 하기에는 부족해 보이는 비주얼이었고 백화점 음식이라 하기에도 애매해 보였다. 그런데도 대부분의 중국 젊은 고객들은 음식에 대한 만족도가 굉장히 높았고 손님들이 늘 북적였다.

두 번째로 2,000명에 가까운 직원들 중 한국어가 되는 직원은 딱 한 명인데다 그것도 조선족이었고 물류 공장에서 근무했다. 한국 음식점이기에 한국 종업원이나 관리인이 있을 거란 생각은 나만의 착각이었다. 사업을 하는 동안 최대한 한국인들과 절연한 상태인 걸로 보였다. 100개가 넘는 직영 한식 점포의 주방에는 한국 사람이 단 한 명도 근무하지 않았다.

마지막, 세 번째는 직원에게 가식적이라도 친절과 배려는 없다. 길게 설명할수록 불편한 내용만 있을 것 같아서 한마디로 요약하면 지뢰밭같이 늘 조마조마한 회사 분위기라는 점을 강조하겠다.

한 가지 아이러니한 것은 이직률이 낮고 10년 이상 근무한 직원들이 많다는 사실이었다. 중국인의 성향과 문화의 차이겠지,라고 생각할 수도 있으나, 궤변을 일삼는 철학자보다 칼을 쓰는 전사를 우대하는 친구의 경영 철학과 노력들이 짧은 시간에 지금의 자리까지 오게 했다.

'성공하는 데는 다 이유가 있다'라는 말이 새삼 생각나게 한다.

아침 조회와
정기적 서비스 교육이
강력한 무기가 된다.

규모가 큰 샤브샤브 매장에서 관리자로 일을 할 때다. A급 상권은 아니지만, 매출이 어마어마한 대박 식당으로 나를 포함해 12명의 종업원이 근무하는 식당이었다.

내가 근무를 시작한 지 며칠이 지난 어느 날, 아침 장사 준비를 위해 청소를 마친 종업원들이 잠시 쉬는 동안 삼삼오오 테이블에 모여 조금은 불편한 기색으로 소곤소곤 대화를 나누길래 무슨 일인가 하고 자연스럽게 가까이 다가가 슬쩍 이야기를 엿들었다. 대화의 내용은 이러했다. 오늘 오후 브레이크 타임(오후 2~4시)에 홀에서 매달 정기적으로 실시하는 서비스 교육을 받는 날이라는 것이다. 오전 장사를 마치고 쉬는 시간에 받는 교육이라 귀찮아하는 모습이 역력했다. 교육 시간이 다가오고 나도 함께 서비스 교육 강의를 들어 보기로 했다. 종업원 상대로 손님을 응대하는 서비스 교육을 전문적으로 강의하는 강사라고 소개한 30대 초중반으로 보이는 그녀는 솔직히 유치하리만큼 원론적인 말(교육)과 율동으로 2시간 동안 종업원을 수줍게 웃게만 할 뿐이었다.

1인 창업이 아니라면 반드시 종업원이 필요하다. 명심해야 될 것은 종업원들이 매출에 절대적 영향을 줄 정도의 돈을 벌어다 준다는 사실이다. 종업원 수가 많고 규모가 큰 매장일수록 종업원의 역할은 더욱더 그러하다. 그런 이유에서 점주들의 정신적 고통과 육체적 피로도를 가중시키는 큰 원인도 종업원으로부터 시작이 된다는 것이다. 예비 창업자가 가장 고민해 봐야 할 문제 중 하나로, 창업 후 자신의 역할과 영역 속에 침해와 배려의 범주가 어디까지인지를 잘 생각해야 할 것이다. '상호'라는 수식어가 경계에 금을 긋듯이 명확하게 설명되지 않는 딜레마가 있다. 그래서 종업원의 역할이 중요해진 만큼 고용, 관리, 운영에 대하여 이야기해 볼까 한다.

첫 번째 이야기로 어떤 종업원을 고용해야 하는가다. 주로 초보 창업자들은 동병상련의 심정인지 눈치를 보고 약삭빠른 사람보다 일을 절실히 필요로 하는 딱한 처지에 놓인 사람들 위주로 고용하는 습성들이 있다. 물론 열심히 하겠다는 조건이 붙긴 하지만 사장을 경외의 대상으로 여길 것이라는 착각들을 하는 것이 문제이다. 좀 더 디테일하게 이야기하자면, (갑자기) 딱한 처지에 놓인 종업원들은 대부분 개인 걱정들로 마음이 늘 콩밭에 가 있어 항상 표정이 어두워 보인다. 또한, 삶이 재미가 없는 듯하고 의욕마저 저하되어 있어 매출 상승에 전혀 도움이 안 된다. 최대 두 명까지 고용하는 작은 매장이라면 가족적인 깊은 신뢰로 '으쌰으쌰'하는 분위기가 조성되어 희망 수익도 기대해 볼 수가 있지만, 다수가 근무하는 매장이라면 이야기가 달라진다는 것이다.

그리고 '머리 검은 짐승은 거두는 게 아니다' 혹은 '사람은 고쳐 쓸 수 없다'는 말도 있다. 변하지 않는 성격을 두고 하는 말이다. 서비스업에 종사하는 근로자는 환경만큼이나 성격도 매우 중요하다. 한마디로 이해시키자면, 불편을 참을 수 있는 사람과 불만을 표현할 것 같은 사람을 잘 구분해야 한다. 종업원들이 조금은 힘들어하고 적당히 바쁜 환경을 지속 유지했을 때 매장 분위기가 좋고 매출도 올라간다. 그런 논리에서 일이 힘들면 불편과 불만이 있기 마련인데 불편은 참고 인내도 할 수 있지만 불만은 언행으로 반드시 표현되어 매장 분위기를 흐리게 할 수 있다. 있는 돈 없는 돈 끌어 모아 절실함이 묻어나는 생계형 창업을 하시는 분들이 종업원의 인생사까지 감성적으로 접근한다면 정작 자신이 사랑하는 가족은 밥을 굶게 된다는 것을 명심해야 한다. 이런 설명에도 만약 고용이 힘들다고 생각된다면, 시급을 더 많이 주고서라도 오랜 경력의 유경험자를 고용하시라는 말씀을 드린다.

두 번째는 관리다. 대박 식당으로 유명세를 타서 방송 출연까지 하게 되는 식당 종업원의 인터뷰를 보면 하나같이 사장님이 좋으신 분이고 종업원을 잘 챙긴다고 다들 한 목소리로 칭찬한다. 하지만 방송 출연이다 보니 마지못해 하는 소리들이지, 현실의 대박 식당은 종업원들이 모두 힘들어하는 것이 정상이고 그로 인해 사장을 험담하는 것이 일반적이다. 한두 명의 종업원을 둔 작은 식당은 예외라 해도 장사가 잘되고 규모가 있는 식당의 종업원들이라면 절대 사장님에 대한 호의적인 평가를 내릴 수가 없다. 태어날 때부터 식당의 허드렛일을 하고자 하는 사람은 아무도 없다. 개개인마다 이러저러한 이유로 가난의 꼬리표를 떼고 싶은 심정으로 어쩔 수 없이 식당일을 경험하는 경우가 다반사일 것이고 일찌감치 절박함을 충분히 인지하고 있는 사장 입장에서는 몸이 부서져라 열심히 노동을 강요할 수밖에 없다. 그것의 결과물이 반드시 높은 매출로 입증되기 때문이다. 원치 않는 일에 숙련과 익숙함을 강제하고 강요받는 느낌으로 사는 종업원은 언제든 실의나 도탄에 빠지기 십상이지만, 사장들은 오히려 그런 환경을 늘 희망하는 눈치다.

반대의 경우를 생각하면 더욱 이해하기가 쉽다. 장사가 잘 안되는 식당의 종업원들은 사장님은 무조건 좋은 분이라고 인식하거나 심지어 동정의 대상으로까지 느껴진다고 한다. 눈치를 챘겠지만, 그들은 노동에 비해 월급을 많이 주시는 사장님이 무조건 좋다. 단순하게 편한 직장에서 오래 일해야지 하며 사장에게 아첨이나 하고 비위를 맞추려고만 든다면 그 식당은 반드시 쪽박 식당으로 전락하고 말 것이다. 사장님의 감성적 고용과 관리가 적자 경영을 초래한다고 볼 수 있다.

매장 매출을 높이기 위해서는 의도치 않아도 종업원들이 어느 정도 불만을 가지도록 관리하는 것도 괜찮은 방법이지만, 명심해야 할 건 마지막까지 불만 표출은 절대 하지 못하도록 하는 것이 중요한 관리 포인트라는 것이다. 결국 어떻게 보면 관리도 탄력적인 고용에서 명운이 갈린다고 볼 수 있다.

마지막으로 운영에 대해 이해해 보자. 운영은 관리의 더 포괄적인 의미이자, 이번 주제와 가장 연관성이 깊다. 존치의 지속성과 매출 상승은 종업원들에게는 월급 인상과 인센티브는 물론 안정된 일자리 제공으로 이어져 자연스레 애사심을 고취시키는 데 많은 도움이 된다. 그런 점에서 샤브샤브 매장의 운영 방식이 시사하는 바가 크다. 유명 식품 회사를 오랫동안 근무하고 퇴사 후 시작한 샤브샤브 가게가 하루아침에 일 매출 수백만 원씩 올라오지는 않았을 것이다. 외부 회식 한번 없는 짠돌이 사장이 왜 매달 20만 원을 들여 강사를 초빙해 깜찍한 율동과 노래를 겸비한 서비스 교육을 해 왔는지 추지해 볼 수 있다. 뒤에서 '구시렁'하며 힘들게 일하는 듯해도 앞에서는 웃으며 열심히 일할 수 있는 요인이 되기 때문일 것이다. 더 놀라운 건 그 교육의 효과인지 모두가 장기근속자란 사실이다. 원론적인 말로 지루한 교육을 반복적으로 답습만 한다면 무슨 소용이 있겠냐마는, 강의 교육의 의미보다 율동과 재미로 피곤에 지쳐 있는 그들에게 장시간 웃음과 여유를 찾게 해 주고 정신 건강에 활력을 불러일으켜 오롯이 고객 서비스로 이어지게끔 역할을 한다. 그런 식으로 지치고 힘들어할 때쯤 어김없이 정기 교육을 실시하여 매장 분위기를 고취시킨다. 만약, 매달 강사에게 지급되는 강의료 20만 원으로 종업원들 단합 대회나 회식을 하면 어떨지 나에게 물어본다면, 나는 한 치의 망설임도 없이 강사 초빙 서비스 교육을 하시라 말할 것이다. 특히 대형 음식점을 운영하는 곳은 의무가 되었으면 하는 바람이다.

어떤 경우도 회식은 백해무익하다. 혹시라도 너무 장사가 잘되고,

그 이유가 종업원들이 고생한 덕분이라고 여긴다면 생일이나 명절 같은 특별한 날에 격려금을 두둑하게 넣어 주는 것으로 보상하는 편이 더욱 효과적이면서 사기 진작에도 큰 도움이 된다.

절박해서 시작한 포장마차, 인내를 가지고 버텼다.

20여 년 전의 이야기다.

늦은 새벽 시간 배가 출출할 때면 포장마차가 밀집한 거리를 찾아 우동과 고기 한 접시를 먹고 오곤 했다.

"이모 왔어요" 하면 연탄불 피우시던 이모가 "어! 왔어"라며 나를 반갑게 맞으신다. 자리를 찾아 앉으며 "오늘은 왜 이리 조용해요?"라고 물으니, 초저녁에 한바탕 쓸고 갔다면서, 지금은 한숨 돌린다고 하신다. 단골이다 보니 별도의 주문이 없어도 알아서 우동과 석쇠 불고기 한 접시를 내어 오신다. 그렇게 나온 음식을 먹고 있을 때쯤 이모가 곁에 다가와 옆에 앉더니 잠시 나의 안부를 묻고서는 하소연을 늘어놓기 시작하신다. 무슨 이야기를 하는지 음식을 먹어 가며 유심히 들어 보니, 장사가 좀 되기 시작한 이후로 주차장(영업장소) 임대료를 자주 올려 달라고 하고, 무허가 장사다 보니 동네 건달들에게 자릿세와 보호비 명목으로 주는 돈의 액수도 점점 늘어나 힘들다고 넋두리를 늘어놓으신다.

오랜 시간이 흘렀지만 예전 그 단골집은 아직도 영업을 하고 있다. 그 이모도 아직 일을 하고 계신다고 한다. 돈 많이 벌었다는 소문과 함께……

20대 초반부터 아주 오래도록 찾던 단골(포장마차)집으로 그 지역을 지나칠 때면 꼭 들러서 우동을 먹고 오곤 했다. 30년 전 가락국수라고도 했던 냄비 우동과 석쇠 불고기 한 접시를 3,000원에 먹을 수가 있었고 맛 또한, 정말 기막히다. 당시에도 그 가격이면 아주 저렴한 한 끼 식사였지만, 단골이어서일까, 이모는 나에게 늘 푸짐하게 곱빼기 양으로 주시곤 하셨다. 시내에서 멀지 않은 오래된 상업 지구에 가내 공업 수준의 조그마한 소규모 공장들 주차장에서 저녁 6시부터 아침 6시까지 4~5개 점포가 함께 임대를 하여 리어카와 테이블을 따닥따닥 붙여 각각의 상호로 포장마차를 운영했다. 메뉴는 모두 동일하게 연탄 석쇠 불고기와 우동, 술을 팔았다. 오래전에는 택시 기사들이 주요 고객이었으나 어느 순간부터 유명한 우동, 불고기 거리로 소문나기 시작하면서 일반 손님들도 몰려들었고 그로 인해 수십 개의 포장마차가 생겨난 것이었다. 참고로 당시에 창업 비용이 어림잡아 50만 원에서 100만 원 정도면 충분히 포장마차를 차릴 수가 있었다. 일반 점포 창업은 수천만 원씩 들여야 했던 것을 감안하면 대부분이 힘들게 사시는 하위 계층의 영세한 소시민 상인들이었다. 그런 취약 계층에 계신 분들이 허가 없이 장사를 하다 보니 동네 건달들이 관리비라는 명목으로 매달 일정 금액의 돈을 받아 가곤 했던 것이었다. 들리는 소문에는 장사가 잘되는 시점에는 건달들도 하나둘씩 주변에 포장마차를 차리게 되고 급기야 모든 포장마차 가게에 권리금까지 형성되었다고 한다. 수십 년이 지난 지금은 도로 정비와 지역 개발로 대부분의 포장마차가 사라졌지만, 단골 이모 포장마차는 유명 셰프가 다녀가고 나서부터 주변에 유일하게 장사하는 대박집이 되어 있었다. 바뀐 메뉴 없이 현재도 예전 그대로의 운영 방식대로 장사를 하고 있지만, 바뀐 것이 있다면 가격이 조금 오른 것과 비를 피하기 위해 허겁지겁 비닐을 사용했던 그때와 달리 튼튼한 기둥에 고정된 천막으로 만든 지붕이 생긴 것, 종업원 수만큼이나 넓어진 매장, 무엇보다 신용 카드 사용이 가능하도록 합법적으로 허가를 내고 장사한다는 점이다. 이제 더 이상 동네 건달에게 관리비를 주는 일도 없다고 한다. 고사리 같은 손으로 어머니를 돕던 초등학생 꼬마 숙녀가 이제 의젓한 학부형이 되어 어머니 뒤를 잇고 있다. 또다시 30년이 지나도 그 자리 그 모습 그대로 대물림되어 노포로 장사가 계속 지속될지, 벌써부터 궁금해진다.

이렇게 이 단골집을 이야기할 때면 꼭 상충되는 친구의 창업 스토리를 동시에 비교 투영시키게 된다. 그 친구는 고등학교 동기인데 넉넉한 살림은 아닌 듯 보이지만, 늘 고급 승용차만 몰고 다니며, 돈 씀씀이만큼이나 야망도 커 보였다. 하지만 친구는 늘어나는 주름살 숫자만큼의 절박함이라고는 전혀 찾아볼 수 없는 삶을 여전히 이어 가고 있다. 매사가 늘 느긋해 보이고 빈틈도 많은 친구였다. 그런 그가 지인과 동업으로 문어 전문점을 오픈하여 장사를 시작하게 됐다. 그러나 오래가지 않아 예견된 시간이 어김없이 찾아오고 지인과 함께 큰 금전적 손실을 입었다. 그리고도 얼마의 시간이 흐른 뒤, 또다시 한참을 이런저런 사람을 만나고 다니더니, 또 다른 동업자를 만나 수억 원의 돈을 들여 고급스러운 실내 인테리어 시설로 생과일,

제과 제빵 매장을 오픈하며 재기를 꿈꿨다. 하지만 그 점포 또한 짧은 기간에 염려했던 폐업의 수순을 밟았고, 이런저런 일로 법적 분쟁까지 생겨 엉망진창이 되는 모습을 보았다. 지금은 소식을 들을 수 없지만, 한 방을 노리며 지금도 '투자자 찾아 삼만 리'하고 있지 않을까 생각한다.

    이처럼 이 두 사례를 보면서 우리는 지금껏 성공 외식 창업의 근간이 되어 왔던 성실과 인내라는 인식들과 같은 맥락인 포장마차 사례처럼 장기적으로 큰 흐름의 플랜을 가지고 조망하고 기다려야 함에도 눈앞의 이익을 쫓는 근시안적인 구성의 오류와 조급함이 결국 화를 불러일으켜 반복적인 폐업의 수순을 밟게 된다. 돈이 절대 돈 벌어다 주지 않으며, 투자 비용과 성공은 아무런 상관이 없다.

세상은 넓고 장사할 곳도 많다.

오래전 해외 창업 시장 조사를 위해 유럽을 두 번 방문했을 때 이야기를 해 볼까 한다. 두 번째 방문한 도시는 프랑스 파리였다. 프랑스 파리도 매장 장사 시스템은 기본적으로 한국과 거의 흡사했다. 내가 찾아갔던 매장은 에펠탑 부근의 분식점과 개선문에서 멀지 않은 곳에 위치한 미용실이었다. 두 곳 모두 손님들이 많아서 매출이 꽤나 올라오겠구나!라고 생각했다. 창업 비용은 분식 가게가 총 8,000만 원, 미용실은 6,000만 원 정도 들어갔다고 한다. 당시만 해도 국내 창업 비용과 비교했을 때, 파리에서의 창업 비용이 더 저렴했다는 것을 알 수가 있다. 분식점 사장님은 일이 워낙 바빠서 긴 시간의 대화를 하지 못하고 헤어져야 했고, 미리 약속된 미용실은 조용한 시간대에 방문하여 한참을 이야기 나눌 수가 있었다.

수많은 예비 창업자를 만나 상담을 하다 보면 대부분의 사람들은 집 부근, 직장 부근, 자주 가던 상권, 고향 등 익숙한 장소에서 창업을 하기 원한다. 다른 지역은 잘 알지 못해서가 이유일 것이다. 특히나 해외 창업은 정보도 많지 않고 사기를 당할 위험성까지 있어 엄두를 내지 못한다. 더욱이 정례화되어 가는 일상을 부정하고 굳이 해외 나가서까지 일할 가치가 있겠느냐에 큰 반감을 가지고들 있기 때문이다.

일찍이 나는 미국 뉴욕과 독일 프랑크푸르트 한인 식당에서 일한 경험이 있다. 그때 그 식당들은 아주 넓은 매장에 종업원 수도 많았다. 이 말을 왜 여기서 언급하느냐면 큰 매장을 운영할 경우에는 해외에서 현지인으로 오랫동안 식당 일을 밑바닥부터 배우고 경험하는 과정을 거쳐서 창업하는 케이스가 일반적이며 바람직하기 때문이다. 처음부터 바로 해외에 식당 창업을 작정하고 떠나는 경우에는 2~3인만이 운영할 수 있는 소규모, 소자본 점포 창업이 원칙이어야 함을 강조하기 위해서이다. 또한, 프랑스 창업의 정보를 비교 전달하겠다는 의도보다 굳이 국내 창업만 고집할 이유는 없지 않을까? 라는 질문을 던지기 위해서이다.

프랑스는 유럽인들 특성상 많은 돈을 들여 화려하게 실내를 꾸미기보다 모던하고 미니멀한 스타일로, 한국처럼 경쟁적으로 시설에 총력을 다하는 것 같진 않다. 내가 방문한 곳들도 특별할 것 없이 그만그만한 실내 인테리어였다. 식품 도매업이나 외식 업종의 손님은 주로 유학생이나 현지 주재원같이 한국 분들이 많았으며, 미용실과 같은 서비스 업종의 손님은 대부분 현지인들이 많았다. 최근 들어서는 코리아 프리미엄으로 업종, 업태에 상관없이 현지 외국인의 수요가 부쩍 늘어나는 추세여서 젊은 예비 창업자들 위주로 해외 창업에 관심을 많이 보이고 있다. 똑같은 투자와 운영비에 한국 음식이라는 최신 무기로 무장할 수 있는 해외 창업을 두고 굳이 국내에서 빤한 경쟁 구도에 흔하디흔한 구식 무기를 들고 벌 떼 창업을 해야 하는가를 고민해 볼 필요는 있다. 돈만 많으면 한국이 제일 살기 좋은 곳이라 하지만, 외국인들도 돈만 많으면 자국이 제일 살기 좋다고 말하는 건 매한가지다. 해외를 가 보지 않은 사람은 한국이 제일 살기 좋다고 하고 해외를 여러 번 다녀온 사람은 외국 나가서 살고 싶다고 한다. 무엇을 의미할까? '한국에 사는 것만이 행복한 건 아닐 수 있다'와 '해외에서도 일하며 살 수 있다'는 긍정적인 메시지를 스캔해 두었다는 의미이다. 빡빡한 살림에 해외 경험이 거의 없는 소상공인 자영업자 입장에서는 성공 창업을 떠나 해외 창업이 먼 나라 이야기일지 모른다. 사연 많은 한국 생활을 뒤로하고 무일푼으로 무작정 유럽에 와서 온갖 힘든 과정을 이겨 내고 힘겹게 정착해 가는 사연을 현지에서 듣다 보면 '하늘이 무너져도 솟아날 구멍은 있구나', 죽을 각오로 열심히 살다 보면 '반드시 기회가 온다'라는 교과서적인 진리도 다시금 깨닫게 된다.

지역마다 돈의 생김새나 가치가 다르지 않듯, 나라마다도 돈의 가치나 쓰임새가 다르지 않다. 구겨지고 더렵혀지거나 누가 소유하든지 간에 돈이 주는 의미와 가치는 다 똑같다.

일반적으로 국내 창업은 해외 창업에 비해 절박함도 없고 무턱대고 호사의 상상들로 예견된 고통의 병을 심어 줄 수가 있다. 실제로도 우리 주변에서 그런 병을 점점 키워 회복하지 못하는 경우를 수두룩하게 보아 왔지 않았나? 자신이 생활하는 생활권에서 폼 나는 매장을 차려 놓고 힘든 것 없이 편하게 큰돈을 벌고자 하는 장사는 누구나 꿈꾸고 있다. 그런데 그렇게 누구나 꿈꾸는 일을 쫓아서는 나만의 꿈은 절대 성취시킬 수 없다. 반대로 '누구나' 할 수 없는 일이라면 상황은 또 달라지지 않을까? 해외 창업이 그런 기회를 만들어 줄 수가 있다. 해외에 나갈 수 있는 여건도 누구나에게 주어지지 않고, 현지 방문을 통해 시장 조사를 꼼꼼히 하는 것도 누구나 할 수 없으며, 현지 언어를 미리 배우고 익히는 것도 누구나 할 수는 없다.

해외에서 3,000만 원으로 시작하여 두 번을 망하고 마지막 남은 500만 원으로 결국 수백억 원의 자산가로 성공한 친구의 사연을 소개했었다. 그런 사연들은 해외 곳곳을 다니면 교포 사회에서 종종 들을 수가 있다. 결코 쉬운 일은 아니지만 절대 어려운 일도 아니라는 사실을 명심했으면 좋겠다. 1%의 가능성을 믿을 때 1%의 삶을 살 수 있는 기회가 생긴다. 특히 해외 창업에 있어 젊은 MZ세대들이 계획을 잘 짜고 철저히 준비를 잘한다면 어떤 결과에도 실보다 덕이 많다는 것을 알았으면 좋겠다. 해외 창업, 한 번쯤 꿈꿔 보길 바란다.

1년 내내,
장사 안되어 투덜거려도
결국 셀프 위로는 한다.

1월: 연말 소비 여파와 추위로 집에서 나오지 않는다.

2월, 10월: 명절이 끼여 장사가 안된다.

3월, 9월: 자녀들 새 학기로 지출할 돈이 많아 소비가 준다.

4월: 야외 봄나들이를 나가서 매장에 손님이 없다.

5월: 가정의 달이라 손님이 없다.

6월, 11월: 비수기 달이라 손님이 없다.

7월, 8월: 휴가철이라 외곽으로 나가서 손님이 없다.

12월: 연말이라 단체 손님 받는 대형 가게만 장사된다.

수십 년이 흘러도 줄곧 1~12월까지 해마다 손님이 없고 장사도 안된다며 푸념 섞인 한숨을 내쉬는 자영업 사장님들이 단골 메뉴처럼 셀프 위로로 자기 암시를 하며 희망 고문을 한다. 그러면서 덤으로 옆집 가게도 손님이 없다며 위로받곤 한다. 언제부터인가 '나만 그런 게 아닌데'하고 힘들 때 항상 경기 탓을 하는 버릇이 생기기 시작했다. 하루하루 시름이 깊어지고 늘어나는 빚도 고민해야 하며, 무엇이 기다리고 있을지 모르는 두려운 미래까지. 머리가 아파 죽을 지경으로 생각하기도 싫고 현실 도피하고 싶다. 그래서 결론은 나만 그런 것도 아닌데, 어떻게든 되겠지? 하고 주기도문 외우듯 무작정 버티고 또 버텨 보자는 식이다.

　노포를 작정하지 않으면 기본적으로 장사는 시작이 반이다. 장사의 흥망성쇠는 시작하고 1년 안에 판가름 난다. 1년 후에도 신통치 않은 매출 성적표를 받아 든다면 하루라도 빨리 장사를 접으라고 권고하고 싶다. 몇 달 전에도 매장에 수북이 쌓인 먼지만큼이나 미래를 체념하는 듯 보이는 단골집 사장님의 찌푸린 얼굴에 한숨 섞인 말, '비수기라 장사가 안된다'라는 레퍼토리를 또다시 듣고 있자니, 강제할 수 없는 관계라서 답답할 지경이었다.

　오래전 창업 컨설팅을 할 때였다. 대전의 한 백화점 내, 퓨전 중화요리 프랜차이즈를 운영하는 점주분께서 장사가 안된다며 컨설팅을 의뢰해 왔다. 지난 시간 가장 후회되는 결정을 한 사건이기도 하지만, 지금 생각해 보면 당시의 그런 경험들이 지금의 나를 있게 하지 않았나 하는 큰 교훈의 시간이 되었기도 하다. 가게를 살리기 위해 몇 달을 부단히 노력을 했지만 흡족한 결과를 내지 못했으며, 할 수 있는 모든 정열을 다 쏟아부었지만 역부족이었다. 이벤트 같은 일시적인 호응은 오랫동안 굳어진 가게 이미지를 바꾸기 위한 근본적인 대책이 되질 않았다. 유명 셰프가 했던 말이 생각난다. 오래전에 중국에서 자장면을 팔았지만, 손님이 없어 망했다고 한다. 최근에서야 자장면을 좋아하는 중국인이 많아졌다며, 한국 드라마와 영화, 예능 프로그램 등 다양한 방식으로 각종 미디어를 통해 한류를 접하면서 큰 관심을 가지게 되었기 때문이라고 말했다. 속칭, 죽은 점포는 방송에서 유명인이 방문하여 맛집으로 소개되지 않는 이상 반전을 기대하기 쉽지 않고 그 어떤 누구라도 죽은 점포를 살리기 쉽지 않은 게 솔직한 현실이다. 한자리에서 찐득하게 부지런히, 오래도록 뚜벅뚜벅 한길만을 걷다 보면 몰라도, 웬만해선 창업 시작하고 1년 안에 모든 게 승부 난다고 보시면 된다.

　'아차' 하는 순간 수습할 수 없는 지경까지 매출이 떨어지기 시작하고 그때부터는 매장 홀에서 TV나 컴퓨터, 핸드폰만 주물럭거리며 '이 달은 이래서 안 되잖아', '다들 힘든데'라며 멍 때리는 허송세월이 시작된다.

　세상에는 노력해도 안 되는 일들이 너무나 많다. 그러나 노력을 하지 않고는 잘되는 일도 없다. 자신이 바뀌지 않을 거라면 시작을 하지 않아야 하며, 1년 내내 경기 탓만 할 거면 하루 빨리 가게를 팔아야 한다.

　거리의 수많은 화려한 간판들과 간판에 시선을 쫓는 수많은 사람들이 나의 장밋빛 미래로 확증 편향할 수 있음을 조심(彫心)해야 한다. 때론 주변인들의 쓴소리가 달게 느껴질 때가 있어야 한다. 시작하기에 '희망'이라고 말하는 주변인과 시작하기에 '고생'이라고 말하는 주변인, 그리고 '이제 고생해서 희망을 찾으라'는 주변인 중, 당신은 어떤 말을 깊이 새겨들어야 할지 스스로에게 물어봐야 한다.

혼자 창업

　독립 창업, 개인 창업, 나 홀로 창업, 혼자 창업. 장사 하나 하는데 같은 의미를 제각각 복잡한 조어로 요란스럽게 부산 떨고들 있다. 교육이라는 미명 아래 골치 아픈 일거리와 훈수 두는 나부랭이들이 주변에 즐비하다. 진실과 양심이 박제된 이 시대에 익숙한 고통을 경험하지 않고서 확신할 수 있는 '너희들은 절대 존재하지 않는다'가 진리다. 나를 지켜 주리라 믿고 싶은 정부 또한, 지금까지는 분명 개악이었음이 여실히 드러나는 정책들로 절망이 기대를 협박하고 있어 두렵다. 가시넝쿨에 갇혀 버린 가난의 울타리를 걷어 내고 싶은 심정이지만 장사 외엔 또 다른 옵션이 없다는 현실 앞에 여북, 곤궁한 삶이 비참하기까지 하다. 누구 하나 곁에 없다. 심리적 허들을 넘어야 하는 혼자 창업, 어떻게 준비해야 할지 막막하다.

　흔히들 창업을 시작하면서 '기도하는 입보다 행동하는 손이 아름답다', '페이퍼에서 얻은 지식보다 필드(현장)의 경험이 중요하다'는 개똥 같은 소리를 하는 사람들이 많다. 도전 정신과 풍부한 경험을 부정하거나 도외시하자는 소리는 아니다. 그런 도전과 경험보다 먼저 우선시되어야 하는 것이 바로 부지런함과 성실함이다. 혼자 창업 하실 분들은 반드시 명심해야 한다. 부지런함과 성실함은 일관적인 시스템으로의 매장 운영, 원가 절감, 청결한 위생 상태, 고객 서비스가 모두 담보되기 때문이다. 폐업으로 창업의 내공이 쌓여 갈 때쯤에서야 비로소 실패의 교훈이 순진('필드 생활로 숍 인 숍 안테나 숍에 시그니처 메뉴를 만든 퍼스트 무버다' 통 무슨 말인지도 모르면서 고개를 끄덕인다. 자신이 이해되는 말을 하는 사람들보다 이해할 수 없는 말만 하는 사람들에게 자꾸 신뢰가 간다. 성공이라는 환상으로 혹독한 대가를 지불한다 해도 어리석은 선택을 피해 갈 방법이 없었다)했고 만용(어쭙잖게 얄팍한 지식으로 마키아벨리즘적인 무모함과 성급함에도 주변에서는 창업을 준비한다니 벌써 대박 가게 사장님으로 명명하고, 하나같이 성공했다고 한다)이었음으로만 알고 있겠지만, 사실은 자신의 게으름을 망각하고 있었다는 것을 명심해야 한다. 따지고 보면 무턱대고 응원하는 주변 사람과 밑천도 별로 없어 보이는 창업 지식으로 잔재주만 부려서 날뛰는 잔챙이 협잡꾼처럼 어쭙잖게 멘토를 자청하는 업계 종사자들이 실패에 일조한 측면도 무시할 수는 없다.

  프랜차이즈를 선택하면 컨설팅 업자나 인테리어 업자, 물류 제공 업자들, 수많은 거래처 사장님들을 별로 만날 일이 없다. 하지만 혼자 창업을 하게 되면 필연적으로 이 모든 사람들을 다 만나야 하며, 한 사람 한 사람이 가성비 좋은 성공 창업에 경제적 밑거름이 되기 때문에 만남이 매우 중요한 일이자 과정이다. 가만히 생각해 보면, 매장 운영 중에 잃은 돈(적자)보다 창업 시작 전에 사람들에게 뺏긴 돈이 더 많다고 하는 점주들을 수없이 많이 봐 온 것 같다. 돌이켜 지난날을 생각해 보면 새로운 사람을 만나는 것이 참으로 어렵고 두렵다는 사실을 힘들게 깨우쳐 왔듯이, 창업을 한다니 주변에 똥파리들이 순식간에 모여드는 광경을 걱정스레 목도했을 것이다. 혼자 창업을 준비하고 시작하는 과정에서 첫 번째 중요한 것이 어떤 사람을 만나고 선택해야 하느냐가 될 것이다.

신규 창업, 인수 창업, 전수 창업, 공유 창업같이 극명하게 갈리는 다양한 형태의 창업은 접근 방법부터가 다를 수밖에 없다. 신규 창업은 넉넉한 창업 자금과 자신만의 특화된 개발 메뉴가 가능하고 특히나 프랜차이즈와 같은 사업 확장을 원할 때 하는 것이 유리하다. 인수 창업은 보다 안정적인 창업 과정을 원하고 창업 비용(권리금)에 따라 고정 고객이 정해져 있어 매출을 예측, 짐작할 수 있다는 장점이 있지만, 인테리어나 메뉴에 신선함이 없고 주인이 바뀌면서 점포 운영 여하에 따라 단골손님이 이탈하는 현상이 발생되는 우려가 있다. 하지만 저렴한 비용으로 리모델링이나 다른 사업 아이템으로 업종 전환이 용이하다. 전수 창업은 메뉴 요리의 기술과 노하우를 배워 창업하는 형식으로 한 가지 메뉴, 전문 음식점 창업에 유리하며, 자신이 직접 주방에서 일을 하는 경우가 많다. 혼자만이 가진 기술이 아니라는 점에서 꾸준한 메뉴 개발이나 운영 시스템을 보완하지 않으면 매출 상승의 효과를 기대하기 어려우며, 주방 근무로 인한 홀 손님 응대 서비스가 부족할 수 있다. 공유 창업은 주방 공유나 테이블 공유, 서빙 공유 등 대형 점포에 주방이나 홀을 쪼개어 여러 사업자가 함께 모여 각각의 공간에서 필요에 따라 공간과 인력을 공유하는 협업 운영 방식이다. 창업 비용과 점포 운영비가 상대적으로 저렴하다는 장점이 있으며, 무엇보다 손님들이 여러 다양한 메뉴를 한자리에서 맛볼 수가 있다는 점에서 여러 취향의 손님을 유치할 수가 있다.

그 외 인기 있는 업종별 창업 세 가지 중 판매점을 제외하고 휴게 음식점, 일반 음식점이 있는데 휴게 음식점에는 패스트푸드, 제과점, 커피 전문점 등이 있다. 휴게 음식점 창업은 실내 분위기가 매출에 상당한 영향을 주기 때문에 인테리어 비용이 많이 들어간다는 단점이 있지만, 사람들이 가장 많이 선호하는 보편적인 식음료로 이루어져 욕구 소비층이 꾸준하다는 게 장점이다. 일반 음식점으로는 한식당, 중식당, 일식당, 분식집, 맥주 전문점 등과 배달 업종까지 다양하다. 휴게 음식점과 달리 한 끼 식사 메뉴들로 구성되어 있으며, 가장 일반적인 신규 창업 아이템이기도 하다. 그만큼 종류도 많고 정보도 많아 진입 장벽이 상대적으로 낮은 업종이라, 치열한 경쟁을 바로 직면하게 된다. 오히려 그런 이유로 성공한 대박집이 많이 나오기도 한다. 최근 들어 도시 재생 사업이라고 해서 도심에 구옥이나 낡은 점포, 창고, 공장들을 개조, 리모델링하여 청년 창업을 하는 사례들도 많이 본다. 또한 재래시장으로써의 기능이 쇠퇴한 시장에 곱창 골목, 낙지 골목, 찜닭 골목, 구이 골목, 무침 골목, 족발 골목 등등 다양한 형태의 거리를 형성해 상권을 직접 만들어 가면서 장사하는 곳도 생겨나고 있다. 이러한 경우들은 저렴한 임대료가 가장 큰 장점들이며, 아이템으로 승부를 할 수가 있어 창의력을 가진 젊은 예비 창업자 분들에게 적합한 창업 방식이다.

이처럼 다양한 창업 방식을 놓고 스스로에게 어떤 방식으로 혼자 창업을 할 것인가에 대해서 되물어 봐야 할 것이다. 앞서 이야기한, 어떤 사람들을 만나 자문을 구하고 거래 관계를 맺고, 어떤 유형의 창업을 설정하고 준비를 해야 하는지. 혼자 창업의 시작은 맨발로 사막에 서 있는 외롭고 힘든 시간이 된다. 언제까지 이 탁류 속에서 더 고생하며 버텨야 하나! 하고 눈앞이 막막할 지경까지 이르게 해서는 안 되지 않겠는가? 승자 독식이라는 우리 사회의 횡포나 야만성 때문에 우리의 삶이 극도로 황폐화되고 허물어져 가고 있기에 주변을 돌아볼 여력들이 없다. 죽기 살기로 숙성시킨 내공을 발현시켜 앞으로 찾아올 차제를 준비하고 또 준비해야 한다. 특히, 각자의 환경에 맞는 맞춤식 창업을 해야 하지만, 무리한 아이템을 가지고 파이를 키워서 이리저리 자금을 끌어모아 빚더미에서 시작하는 요식업 신규 창업만은 절대 피해야 한다. 장사를 시작하면서 고민이라는 짐을 함께 지고 가면 가게를 찾는 손님들에 대한 예의가 아니다. 가게 운영과 서비스가 엉망진창이 될 것이 불 보듯 뻔하기 때문이다. 창업이란 희망을 구입하면서 원 플러스 원으로 좌절을 덤으로 키핑해 두는 꼴이다. 웬만해서는 돈 앞에서 인내가 조급함을 절대 이길 수가 없어 보인다. 처음 시작하는 장사는 여윳돈으로 시작해 보시라 말씀드리고 싶다. 개인의 역량과 환경에 맞는 창업을 찾아야 하며, 성공 창업은 절대 돈에 비례하지 않는다는 사실을 두 번째로 명심해야 한다.

최근 프랜차이즈 저변화에 근간이기도 한 혼자 창업의 시장 확대가 근본적인 변화를 가져오기 위해서는 혼자 창업도 다양한 방식으로 다변화를 꾀하고 성공 사례들이 계속해서 나와야 한다. 오래도록 프랜차이즈 카르텔에 맞서서 침해당할 수 있는 예비 창업자의 선택권이 창업 시장의 건전성과 함께 심하게 훼손되어 가고 있다. 그럼에도 혼자 창업들은 다양한 실험과 꾸준한 경험의 토대로 창업 시장을 지속 발전시켜 올바른 프랜차이즈 시장 정착에 크게 기여하였으며, 앞으로도 혼자 창업의 성공 여부가 창업 시장 전반에 상당한 영향을 미칠 것으로 보인다. 아울러 창업 시장의 자정 작용은 스스로 허용되지 않는 변화와 혁신의 범주 안에 있다고는 하지만, 그것이 소비자의 요구와 배치되는 악수를 두면서까지 안주하기보다 과제에 대해 필기를 하는 노력도 병행해야 한다.

  소자본 외식 창업을 단순한 개인 생활 방식의 문제로만 치부해서는 절대 안 된다. 혼자 창업이 갖는 사회 구성원으로서의 역할과 사명을 생각해 보면 더더욱 그러하다. 개인 창업의 성패는 곧 국가 경제에 큰 영향을 끼치기 때문에 반드시 성공하는 창업이 되어야 한다.

  그러기 위해서 마지막으로 명심해야 할 것이 하나 더 있다.

  인생을 살다 보면 누구나 가끔씩 크고 작은 잘못을 할 수 있다. 그런데 그럴 때 보면, 피해를 입은 상대는 항상 '최소한 미안하다는 소리 한마디만 했었어도 이렇게까지 하지 않았을 텐데'라고 한다. 하지만 정말 바로 납작 엎드려 미안하다고 사과했었다면 말한 대로 그냥 넘어가 줬을까? 아니면 이때다 싶어 가혹한 권리를 요구하면서 더욱 심하게 다그치지는 않았을까? 과연 온전한 양심을 포기하는 사람은 얼마나 될까? 결과를 놓고 호의를 베풀 것처럼 보이든지,

과정의 지적을 훈계하며 피해 정도를 확대 해석하든지 사람의 감정, 속내는 천양지차지만 방식의 대응 요령은 반드시 필요하다. 장사 수완도 그러한 응대 방식과 밀접한 관계가 성립한다는 점에서 예비 창업자에게 상기하는 바가 크다. 지금껏 정의할 수 없는 정답에 우리는 보편적인 사고와 원칙을 강조하면서 실천하고 행동하며 살아가는 것이 일반의 삶이라 여겨 왔지만, 장사를 시작하면 요령도 필요하고 잔꾀도 부려야 하며 융통성도 발휘해야 한다. 좀 더 가혹한 표현을 들자면, 반칙이라는 최고의 기술도 익혀, 가게를 찾으시는 손님들에게 무턱대고 '예쁘세요', '잘생겼어요', '사랑합니다'와 같이 진실되지 못한 거짓된 마음이라도 무장해야 하며, '오늘도 김치찌개죠? 박 선생님 취향은 다 알죠. 단골이신데.'라고 관심 가져 주는 척, 가식적인 아첨과 악마의 미소는 덤으로 위장해 서비스해야 한다. 현명하고 얍삽한 행동이 조화롭게 훈련돼야 하며, 흔히들 말하는 장사'꾼'이 되어야 한다. 장사에는 법도가 없다. 가끔 지나칠 만큼의 극진한 서비스는 자칫 권리에 집착하도록 몽니를 길러 주게 되어 결국 '손님은 왕이다'라는 프레임에 갇혀 사장 스스로 역진하고 만다는 사실도 동시에 깨우쳐야 한다. 지난 시간, 가족 외에 그 어떤 누구도 각별한 관계가 될 수 없다는 사실을 뒤늦게 깨우치지 않았나? 매장에서는 믿음, 의리 같은 것은 잠시 장롱에 넣어 두고 묻지도, 따지지도, 생각지도 말고 가끔은 오컴의 면도날처럼 살자. 얍삽한 친절도 친절이고 가식적인 관심도 관심이다.

  장사꾼, 장사치로 빨리 변모해야 한다. 고매한 척해서도 안 되고,

융숭해서도 안 되며, 무색무취가 되어서도 안 된다. 원칙은 반드시 족쇄로 변하기 때문에 매장에서 장사하는 순간부터는 유체 이탈 결정체로 독하게 전략적으로 살아가야 한다. 매출 변화의 주요 이유가 손님 응대(서비스) 방식과 더불어 종업원 관리의 미묘한 한 끗 차이에서 비롯되었기에 그 한 끗의 경계를 빨리 파악해야 한다. 넓은 면적의 매장일수록 마냥 '사장님이 참 좋고 착하다'는 소리보다, 질투와 시기, 심지어 뒤에서 욕하는 종업원이 많을수록 매장의 매출이 상대적으로 높게 나온다는 것 또한 꼭 명심해야 한다.

혼자 창업에 있어서 맛, 가격, 인테리어 중 어느 하나 중요하지 않은 것이 없다. 하지만 앞서 설명드린 대로 혼자 창업에서는 사람을 잘 만나야 하고, 형편에 맞게 업종을 잘 선택해야 하며, 무엇보다 '꾼'으로서의 비장한 각오가 필요하다.

성공이라는 것을 무엇으로 규정지을까? 시작하는 장사가 누군가에게는 시작일진대 또 다른 누군가에게는 마지막이 될 경제 활동이다. 기회이자 희망의 씨앗이 될지, 후과와 실기로 막다른 길에 봉착하게 될지. 창업 시작 전, 준비 과정에서 두뇌가 고장 날 정도로 번잡한 생각이 많아질 수가 있다.

'따라나서라'는 깃발 든 사람이 눈에 보여도 안 되고 사냥꾼들의 총성을 듣고 출발해서도 안 된다. '시작이 반'이기에 첫 단추를 잘 꿰어야 한다는 말씀을 꼭 드리고 싶다. 고난으로 점철된 격랑의 개인사들을 절대 잊지 마시라. 두 번의 기회는 없다.

3장
인테리어

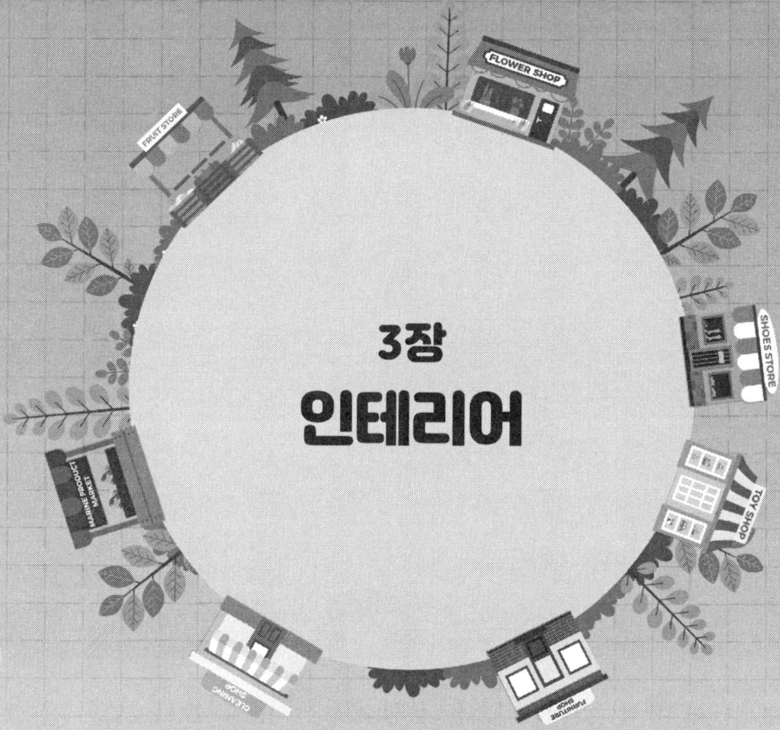

FRUIT STORE
FLOWER SHOP
SHOES STORE
TOY SHOP
FURNITURE SHOP
CLEANING SHOP
MARINE PRODUCT MARKET

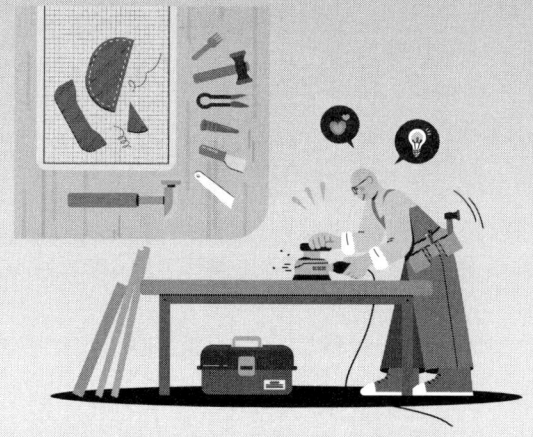

임대 보증금, 월세?
이젠 매장을 사고 말겠어!

일식 요리 전문 셰프인 친한 동생이 자기 친구랑 일식 전문점을 동업한다고 했다. 그러면서 친구랑 한참 동안 장사할 매장을 알아보고 다녔었다. 얼마 지나지 않아 여러 선택지 중 동업자 친구와 의논하여 점포 임대가 아닌 대출을 받아 번화가 내 구석진 낡은 구옥을 매입, 리모델링하여 장사를 하기로 했다. 번화가 상권이라고 해도 낡고 오랜된 건축물들이 밀집해 있고 차도 들어갈 수 없어 다소 염려스러웠지만, 결국 신의 한 수가 되었다. 구옥과의 조화를 이루는 특별한 인테리어 연출과 그런 분위기에 적합한 인테리어 소품과 주방 집기들까지 잘 어우러져 시간이 지날수록 손님들이 북새통을 이루었다.

창업 컨설팅에 종사하는 그 어떤 누구도 좀비 소굴 같은 폐가 수준의 오래된 주택을 구입해서 장사하라는 사람은 단 한 명도 없다. 일반적이지 않아서 경험이 전무할 것이고, 건축 수준의 리모델링과 인테리어를 전혀 경험하지 못한 것도 한몫한다. 또한 장사 수완만 학습하여 음식을 많이 파는 플랜 A만 복습하다 보니 플랜 B는 생각할 수도 없었을 것이다. 요만큼만이 한 분야라 단정 지어 놓아야 경험 많은 전문가라고 고집하기가 더욱 쉬웠을지도 모른다. 진정, 전문 인력이라 하기에는 수준 미달인 '자칭'만 난무한 인력이 대부분이고 베테랑 고급 인력은 빈사 상태라고 보시는 게 더 정확하다. 아직도 목 좋은 곳에서 비싼 임대료 주고 입점하는 것만이 첫 번째 성공 포인트라고 주장하는 사람들이 많이 있지 않나? 단순히 서울 중심가와 시골 외곽을 놓고 좋다, 안 좋다를 논하자는 것은 절대 아니지만, 앞뒤, 전후 사정도 생각지 않고 무작정 매장 선택 방식과 상권 타령만 하는 것은 곤란하다는 지적을 하기 위해서라는 점, 먼저 말씀드린다.

일단 단순하게 한번 생각해 보자. 다들 손님이 많이 올 것 같은 장소를 선택하고 그곳이 장사가 잘되기를 희망한다. 그렇다면 어떤 곳이 손님들이 많이 오는 곳일까? 사람이 많이 사는 곳과 사람들이 많이 지나다니는 곳, 교통이 편리한 곳, 이 정도로 정의된다. 사람이 많이 사는 곳과 사람들이 많이 지나다니는 곳은 함축적으로 결국 교통이 편리한 곳이라고 정리할 수가 있다.

세상은 한 치 앞도 모르게 하루하루가 급변해 가고 있다. 지속적인 도로 정비로 인해 다양한 교통수단이 발달되었고 지자체마다 편리하게 이용할 수 있는 근거리 대중교통 정책들이 상권의 구분을 붕괴시키고 있으며, 스마트폰이 친절하게 길 안내까지 잘해 주는 현재의 시대상은 음식점을 찾아다니게 하는 문화로 탈바꿈시키고 있다. 그러면서 자연스럽게 만들어진 교통 인프라와 IT를 다각적으로 적극 활용하여 창업의 생존 전략을 계속 진화시켜 가고 있다.

 그 밖에도 부동산 시장의 가격 폭등으로 가파른 임대료 상승과 맞물려 굳이 비싼 임대료를 선택하지 않겠다는 성향으로 인식되어 가는 것도 한 이유다. 아니, 대기업이나 큰 회사들에게 그런 자리를 양보하겠다는 뜻이기도 하다. 삼성전자와 LG전자, 심지어 다이소 같은 회사의 직영점들은 번화가, 큰 도롯가, 역세권 같은 꽤나 좋은 상권에 매장들이 분포되어 있다. 위치들이 좋아서 회사 광고에도 크게 한몫한다. 대형 프랜차이즈 직영점이라면 브랜드 광고 외에도 가맹 출점에 상당한 영향을 줄 수 있다. 그와 함께 땅과 건물이 대부분 회사 소유의 직영점으로 운영되는 점을 감안해 보면, 직영 매장 순수익이 아주 낮거나 없어도 이자만 나온다면 본전 경영으로 시간만 흘려보내 수십억의 부동산 시세 차익을 보겠다는 전략이다. 그들은 그렇게 부동산을 문어발식으로 확장해서 쉽게 돈을 벌기도 한다.

 이제는 소상공인도 소자본으로 작게나마 그런 방식을 택하기 시작했다. 집과 땅은 배신하지 않는다는 친한 동생과 그의 동업자의 믿음으로 비록 소상공인 자영업자 신분이었지만, 최대한 은행 대출을 일으켜 주택 매입으로의 장사를 선택하게 된 것이었다. 월세를 내지 않는 매장에서 혹시 장사가 미진하더라도 대출 이자만 나온다면 땅과 건물을 보험이라고 생각해 안정적인 마음으로 일에만 집중할 수 있게 되었다.

이처럼 최근 들어서 젊은 창업자나 MZ세대들이 구옥이나 낡은 창고, 공장 같은 오래된 건축물을 매입하거나 싸게 임대하여 독창적인 창업을 하는 사례가 많아졌다. 멈출 것 같지 않은 레트로의 열풍은 촌스럽다고 거부되기보다 투박하고 색다른 아웃테리어와 언밸런스한 듯 깔끔한 인테리어가 조화를 이루어 음식 맛을 상상하게 만드는 분위기를 연출한다. 새로움을 추구하는 고객들과 옛 향수를 떠올리는 고객 모두를 함께 흡수할 수 있는 성공 창업 아이템으로 부상했다. 또한 입소문은 어느덧 손소뮤(SNS)으로 발전해 매출 상승에 브레이크가 없을 정도로, 권리금과 건물 가치 홍보까지 유리하게 작용되어 최근 이러한 창업 방식을 놓고 많이들 고심한다.

처음 장사를 시작하고자 할 때 여러 상권에서 많은 점포를 알아보고 다녔을 것이다. 점포 임대, 인테리어 시설비 등 만만치 않은 초기 투자 비용과 높은 월세에 많은 부담을 느낀다고 한다. 보증금과 월세 같은 임대료 상승으로 수도권 창업보다 지방에서 필요에 따라 대출도 일으켜 부동산 매입 후 창업하는 방식도 창업 비용에 큰 차이가 없다면 전략적으로 고민해 볼 수 있다. 아직도 광역시급 대도시 시내 인근에 주택 용도로써의 생명이 다한 건물들이 쏠쏠하게 많이 나와 있다.

반드시 임대하겠다는 어리석은 생각보다 도심과 그리 멀지만 않다면 부동산이 조금 저렴한 지방으로 눈을 돌려 옛 주택이나 폐업한 공장, 창고를 찾아서 땅이나 건물을 매입하여 창업하는 것도 좋은 발상이 될 수 있음을 알아야 한다. 점포 임대료와 인건비 상승 같은 수많은 창업 난제들을 극복하기보다 처음부터 리스크를 줄이는 것이 또 하나의 대안이 될 수 있다. 우리의 습관은 버릇처럼 몸에 배여 있다. 관습이 진리라고 여겨졌지만 현실 창업에서는 그런 원론적인 사고들에 관습적 지혜가 덧붙여져야 된다.

앞으로의 성공 창업은 시스템의 창조가 될 수 있다. 기존의 시스템들도 이제 수명을 다해 간다. 또한, 프랜차이즈의 한계를 뛰어넘는 새로운 것을 만들어 낼 줄 알아야 한다. 똑같은 사람들에게 똑같은 말을 반복해서 듣고 똑같은 선택을 하는 어리석은 예비 창업자가 되지 않으려면 말이다.

호의가 권리라고
생각하는
나쁜 습관

창업 인테리어 공사 현장에서 흔히 보는 두 가지 유형의 점주 성향….

A 유형의 점주

아침 일찍 현장을 찾아가 일용직 현장 근로자 분들께 "고생들 하십니다. 사장님들 여기 와서 따뜻한 캔 커피 한 잔씩 하고 하세요.", 그러면서 허드렛일로 현장 일까지 조금씩 도와주기도 한다. 그러고서는 현장을 떠나면서 "오늘 임금 입금해 드려야 하는 날이죠. 오후에 틀림없이 입금해 드리겠습니다."라고 하며 틀림없는 시간에 인건비를 송금해 준다.

B 유형의 점주

아침에 양복 입고 나타나 뭔가 불만족스러운 표정으로 한참을 간섭하듯 지켜보다가 가끔은 짜증내듯 "일 좀 똑바로 합시다.", 큰 소리로 "아니 이렇게 느릿느릿하게 일하면 오픈 날짜 맞추겠어요?"라며 이래저래 불편한 기색으로 간섭을 한다. 결국 공사가 끝나고 인건비도 이런저런 핑계로 미뤄서 지급한다.

A 유형의 결과: 이상하게 공사 기간과 공사 비용이 늘어난다. 더 큰 문제는 점포 오픈 후, 하자 문제로 A/S 요청하면 함흥차사다.

B 유형의 결과: 이상하게 공정이 당겨져 비용이 절감되고, 깨끗하게 인테리어가 마무리된다. 또한 임금이 일부 미지급된 탓일까, 하자 보수를 바로바로 처리해 준다.

현장에서 흔하게 보는 장면들일 것이다. 반대로 악덕 점주들도 인테리어 자재비와 임금 체불로 현장 근로자나 업체들을 힘들게 하는 경우도 비일비재하다. 현장에서는 서로 간의 불신으로 사건 사고가 많이 일어난다.

점포 창업에 있어 가장 역점을 둬야 하는 것이 바로 인테리어 공사다. 그 이유는 바로 창업 비용의 대부분을 차지하고 시설 정도에 따라 비용 차이도 천차만별이기 때문이다. 그런데 가장 신경이 갈 수밖에 없는 인테리어 공사로 인해 장사를 처음 시작하는 점주 입장에서는 장사 시작 전부터 힘든 일을 맞닥뜨리게 될 것이다. 투자 비용이 웬만큼 들어가는 프랜차이즈를 선택했다면 그나마 다행스러운 일일 수 있지만 혼자 창업이라면 공사 기간이 하루하루가 고행길이 될 수 있다.

일상을 살아가는 현대인이라면 사회 규범 내에서 약속된 행동과 책임을 다해야 함에도 우린 종종 서로를 의심하고 속이려고 하며 약속을 어기고 책임을 회피하는 상황을 일상생활에서 많이 보고 겪게 된다. 나는 신규 창업을 시작하는 가게 점주가 인테리어 시설 공사 현장에서 근로자를 응대하는 방식만 봐도 성향이 파악되고 성공 창업의 가능성을 짐작해 볼 수가 있다. 일찌감치 가게의 미래를 예상해 볼 수가 있다는 뜻이다.

평생 동안 인테리어 공사를 직접 경험하지 못한 일반 사람들에게는 공사 기간 현장 근로자와의 관계가 자신의 정체성을 시험하게 하는 자리가 될 수밖에 없다. 점주 vs 인테리어 업체(업자) vs 현장 근로자의 관계는 겉과 속이 서로 다른 한중일 관계를 보는 듯하다. 계약할 당시는 믿음을 정의하고 파이팅을 주문하지만 막상 공사가 들어가면 상황이 급변하여 각자의 입장과 요구가 늘어나기 시작한다. 그 결과 이러한 경우들이 발생한다.

점주가 계약금, 중도금, 잔금을 차질 없이 지급할 경우, 하자가 많이 생기는 경우가 많다. 그것뿐만이 아니라 창업 후 하자 보증 기간 내, 시설에 문제가 발생해 A/S 요청을 하면 함흥차사다.

반대로 이런저런 핑계로 계약금과 중도금을 미뤄서 주고 오픈 후 시설에 문제가 발생할 때마다 조금씩 잔금 일부를 주면 하자 보수 문제에 총알같이 달려와서 바로 처리해 주곤 한다.

인테리어 업체는 자재와 임금 지불을 점주로부터 약속한 날짜에 받지 못하면 점주의 입장은 전혀 고려하지 않고 바로 공사를 중단해 버리기도 한다. 공사비를 영영 못 받는 경우가 종종 발생하기 때문이다. 그러면서 업체는 자신들이 고용한 일용직 근로자들에게 임금을 미루어 주기도 하고 심지어 주지 않고 도망가 버리기도 한다. 그리고 현장 근로자 입장은 점주나 인테리어 업체에 인건비를 못 받는 경우가 상당히 많다고들 하며 임금을 약속한 날짜가 잘 지켜지면 하자 보수 없도록 열심히 꼼꼼히 하고 깨끗하게 마무리하겠다고 한다. 혹 하자가 나도 바로 달려와서 A/S 해 줄 것처럼 약속까지 한다.

결국 점주, 업체, 일용직 근로자 등 각자의 입장은 분명히 다르다. 아마 서로 약속된 선순환 구조가 정착하기는 많이 힘들어 보인다. 많이 알아보고 업체를 잘 만나고, 서로의 입장을 이해하면서 각자 법적 장치를 확실하게 한 후 계약서에 서명하고 공사를 진행해야 할 것이다. 아는 사람, 지인 소개와 같은 경우가 더 신중할 필요가 있으며, 명심해야 하는 건 가급적 잘 아는 사람일수록 일을 맡길 때 좋지 않은 결과들을 경험할 수가 있다는 점을 명심해라.

반드시 알아야 하는 것은 비단 공사 현장에만 해당되는 사안들만은 아니라는 것이다. 비록 시설 공사에 비유하기는 했지만, 창업 후에는 거래처부터 가게를 찾는 손님들까지 모두 해당되는 일반적인 사회 현상이겠거니, 하고 미리 이해하고 잘 대처해야 할 필요도 있다.

그들의 실체는 '덤 앤 더머'였다.

이제 막 육류 프랜차이즈 사업을 시작하는 업체로부터 브랜딩 컨설팅과 새로운 업종의 브랜드 개발을 의뢰 받아 세팅 작업을 해 줄 때 겪었던 이야기다. 육류 브랜드의 2호 가맹점 공사가 한창인 경기도 분당 매장에 회사 대표와 함께 방문한 적이 있었다. 오픈일이 다가오고 막바지 마무리 공사가 한창 진행 중인 현장에서 인테리어 시공업체 실장(대표)이 본사 대표의 방문에 공사 진행 상황을 안내하기 시작한다. 이해 안 될 것 같은 어려운 전문 용어에도 회사 대표는 연신 고개를 끄덕이기만 한다. 아는 영어가 나와서일까? 이때다 싶어 복층 형태의 2층 스프링클러 앞에서 두 사람이 설전을 벌이기 시작한다. '이 사람들 도대체 뭐지?' 난 한참을 한심한 표정으로 지켜보다가 결심을 한다.

새로운 브랜드 개발에 앞서 전반적인 회사 상황과 경영 방식을 이해하고 브랜딩 작업을 위해 성업 중인 본점 매장과 막바지 시설 공사 중인 가맹점을 몇 차례 방문한 적이 있었다. 그날도 선선한 바람이 부는 완연한 봄 날씨에 현장 준비 상황을 점검하기 위해 미리 약속된 시간에 맞춰 본사 대표와 그 가맹점 공사 현장을 방문하게 되었다. 나는 첫 방문이었다. 현장 입구에 들어서는 순간, 돈지랄의 결정체를 진두지휘하는 인테리어 회사 실장(대표)이 요상하게 생긴 서류 가방을 들고 우리들 앞에 다가왔다. '헉' 보는 순간 요란법석한 외모(머리를 빡빡 밀고 알이 없는 굵은 뿔테 안경에 두터운 목도리를 하고 발목이 훤히 드러난 애매모호한 칠부바지와 양말 없는 패션 구두까지)에 패션 디자이너로 착각할 뻔했다. 경험적으로 어떤 사람인지를 바로 짐작케 하는 캐릭터였다.

　예전 집 지어 주는 TV 프로그램 속 시골집을 허무는 과정에서 천정 쥐똥을 모르는 건축 전문가를 보면서 현장에서 집을 몇 채나 지어 보았을까? 스펙을 펜과 머리(잔꾀)로만 쌓다 보니 똥인지 된장인지 구분 못 하는 건 아닌가? 하고 실체를 의심케 했던 기억이 있다.

　계절을 역행하는 패션으로 가짜 서류(스펙 증명서) 몇 장 복사하고 전문 용어 몇 개 외워 다니면서 전문가라며 유명인 행세하는 사기꾼들이 지천에 깔려 있다. 아무튼 웃지 못할 그날 이야기를 좀 더 해 보자면, 천고가 높이 설계된 건물로 매장 복층 위로 설치된 스프링클러 앞에서 벌어진 상황이었다. 물이 지나는 파이프 위(상향식)로 플렉시블 조인트가 스테인리스 재질의 주름관(자바라: 구부렸다

폈다 할 수 있음)으로 설치되어 있었다. 한마디로 구부려지는 주방 수도꼭지를 위로 펴서 올렸다고 연상하시면 된다. 본사 사장은 위로 솟아 있으면 안 되지 않느냐며 주름관을 밑으로 내려라 하고, 빡빡이 실장은 횡설수설 뭐가 뭔지 어쩔 줄 몰라 하며 이상한 말로 변명하기 급급했다. 팩트 체크하자면 스프링클러는 건물 건축 시공 시 설치된 시설로 실장은 누가 설치했는지조차 모르는 듯했고, 스프링클러에 대한 이해가 부족해 보이고 현장 경험이 전무하여 기본 지식까지도 없다는 것이 한눈에 느껴져서 이 자리에 서 있는 것조차 너무 놀랍고 이해가 가지 않았다. 보다 못한 나는 백문보다 일견이 나을 듯하여 두 사람의 만류에도 보온재에 쌓인 주름관을 확 꺾어 내리려 했고 그 순간 빡빡이 실장은 "어~ 어~ 물 터진다"라며 겁에 질린 모습으로 뒷걸음질했다. 그렇게 헤드가 아래로 향하는 모습을 어리둥절하게 쳐다보는 그들 앞에서 차근히 상황 설명을 해 줬다. 상향식 스프링클러도 있다. 그리고 보온재에 쌓인 것은 주물로 된 파이프가 아니고 주름관이어서 구부릴 수가 있다. 다시 원위치로 올려 보이며, '이 스프링클러는 상향식이고 이대로가 정상이다'라고 말해 주었다.

  빡빡이는 현장에서 직접 톱, 망치, 드릴, 붓, 그라인더, 실리콘, 타카 등 직간접 경험도 없이 '안테나 숍이 어쩌고 저쩌고', '필드 경험이 어쩌고 저쩌고' 자기 검열 없이 셀프 자랑질의 조어로 국가 대표 업자를 자청했겠지만 실상은 허세와 거짓으로 포장된 초짜 업자였다. 결론적으로 말하자면 빡빡이는 노동자를 모르고 연장(도구)의

용처도 모른다. 역설적으로 그것은 무엇을 의미하느냐 하면 '도매급 취급은 NO!', '나는 비싼 사람이야'라는 시그널 효과로 결국 내 공사 견적은 어마어마하다고 암시하는 것이다. 발주처는 돈을 많이 들이면 고급 인력인 줄만 알고 그 인력들이면 최고가 될 줄 아는 착각들을 하지만, 실제로는 자신들처럼 겉치레만 화려할 뿐 도통 설명되지 않는 돈 먹는 하마일 때가 많다. 경험적으로는 프랜차이즈의 가맹점 창업이나 파인다이닝, 카페, 커피 전문점 등 실내 분위기가 중요시되는 업종의 창업이 아니라면 화려한 설계 도면에 현혹되지 말고 2D 평면도 한 장이면 소상공인 매장 인테리어로 충분하다. 어차피 도면 수정은 불가피할 것이다. 제발 소상공인이 될 사람이 예술가 디자이너 행세를 그만했으면 하고, 가성비 좋은 분위기를 얼마든지 연출할 수 있으니 지금까지 보고 들은 고급 인테리어 시설은 머릿속에서 다 지우고 자신을 믿고 현실 창업을 하시라 당부드리고 싶다.

그리고 '허세가 지속되면 사기의 꽃이 핀다'는 사실도 명심해라.

인테리어
'동산 VS 부동산'
개념으로 고민해라.

혼자(독립) 창업을 하면 업종과 매장 규모에 걸맞는 실내 인테리어를 구상하게 한다. A 매장 컨셉은 천장, 벽, 바닥, 카운터는 간단한 포인트만 주고 전체를 예쁘게 도장 공사 중심으로 마무리를 짓고 부족한 실내 전체 분위기는 인테리어 소품과 이동 가능한 집기 등의 탈착식으로 구성하여 마무리한다. 또 다른 B 매장 컨셉은 인테리어 소품은 전혀 활용하지 않고 실내 전체를 목공, 타일, 도장, 조명 등 세련되게 부착식으로 공사 시설하고 카운터, 식탁까지도 차별화된 부착식 공사로 인테리어를 화려하게 꾸민다.

그렇게 서로 다른 유형의 컨셉을 무턱대고 가볍게 구상했다고 생각하면 절대 오산이다. 언뜻 단순해 보이지만, 분명 사뭇 다른 결과와 목적이 있다는 사실을 아셔야 한다.

움직일 수 '있다', '없다'의 자산 기준을 우리는 동산, 부동산으로 구분한다. 점포 인테리어에서도 주방의 동선에 적합한 표준 설계 시공 외에 매장 내 인테리어는 천차만별로, 인테리어 업체 선정이 바로 인테리어 디자인이라고 보는 것이 무방하다. 물론 자신이 직접 하는 경우는 예외일 수 있으나 시설 공사의 기본 인식들은 색다른 아이디어에서 나오는 디자인과 저렴한 견적을 바라는 마음으로 동일하다. 그런데 여기에 덧붙여 주어진 환경과 창업의 목적과 목표라는 구상에 따라서 또 다른 안목이 필요한데, 그 필요한 두 가지의 사례를 한번 살펴보자.

언제 재개발될지 모르는 옛 도심에 낡은 1층 상가를 임대하여 훗날 프랜차이즈 사업 연계까지 염두한 예비 창업자가 있다. 그분의 의사를 반영하여 내가 보완해서 식당 창업을 도운 사례이다. 그 점주는 예산이 넉넉지 않았고 시작을 작은 평수에서 하고 싶어 했다. 기존 음식 맛과 운영 방식도 오랜 경험이 축적되어 자신만의 색깔로 투영시킨 결정체가 준비되어 있었다. 그 모든 것에 최종 고민거리가 있다면 투자 비용과 그에 따른 시설 공사가 민감한 부분이었다. 그렇게 해서 고민 끝에 동산(이동식) 방식으로 시설하자는 데 의견을 모았다. 재개발이 우려되는 옛 도심 건물, 개인이 시범적으로 운영하고자 하는 매장, 투자 금액을 최소화해 보고자 하는 의도, 매장 확장 이전이나 사업상 장기 운영이 필요치 않을 경우와 이전이나 폐업에도 유리한 것이 동산 형태의 이동식(탈착식) 컨셉의 인테리어이다. 매장 내 이동식 인테리어 시설들로는 이동 가능한 카운터와 진열장, 테이블과 의자, 조화 장식, 수족관, 그 외에 장식품이나 벽걸이, 진열 소품 등이 중심이 된다. 장점으로는 기성품 테이블과 의자는 중고 제품으로도 소화할 수 있어 비용이 절감되고 이동이 가능해 점포 이전 시 재활용하거나 중고로 팔 수도 있다. 간편한 기본 시설에 셀프 도장 공사나 소품, 종이 포스트, 장식품, 진열장까지 수시로 변형을 줄 수 있다. 폐업 시 건물주가 원상 복구를 요구해도 팔거나 가지고 갈 수가 있어서 폐업 비용도 들지 않는다.

그러면 또 다른 사례로 부동산 형태의 고정식(부착식) 컨셉의 인테리어 시설을 알아보자. 식음료점을 신규 창업하려는 예비 창업자인데 유동 인구가 많은 도심 신축 건물에서 혼자 창업을 준비하는 경우였다. 이분도 시작하는 창업에 인테리어 구상은 백지 상태였으며 초기 투자금에 있어서는 조금 여유가 있었다. 유사 업종과 비교했을 때 차별화된 실내 분위기를 원하고 그냥 장사가 잘되어 오랫동안 한자리에서 장사하기를 원하셨다. 결론부터 말하면 점주의 가게는 음식 모형 외에 모든 시설이 부착된 고정식 인테리어로 했고, 심지어 접이식 어닝에 폴딩 도어, 테라스까지 갖추어진 시설이 되었다. 이런 고정식의 가장 큰 장점은 창작할 수 있는 범위가 넓어 창의적인 실내 디자인을 연출할 수 있다는 점이다. 신축 건물이라는 점과 식음료라는 업종에서는 어찌 보면 고정식이 경쟁력을 갖추기 위한 필수 요건일지도 모른다. 휴게라는 개념으로 접근하면 더욱 이해가 쉽다. 특히나 부가 가치가 높은 업종에 마진율이 좋을수록 고급스러운 고정식 인테리어를 선호한다. 또한, 매출 정도에 따라 권리금의 형성에도 유리해질 수가 있다. 레스토랑, 카페, 커피 전문점, 패스트푸드점, 제과점, 아이스크림 전문점, 식음료 전문점 등이 부동산 개념의 고정식 인테리어로 적합해 보일 수 있지만, 그 외에도 업종에 상관없이 자가 건물이고 노포로 장사하려는 경우에도 나쁘지 않다. 만약 단점이 있다면 초기 투자 비용과 이전이나 폐업 비용이 조금 더 나온다는 점은 아셔야 한다.

이렇게 서로 장단점을 잘 파악해야 한다. 무조건 고급스럽고 예쁘고 멋진 실내를 희망해서는 안 되고, 그렇다고 맛 좋고 친절만 하면 그냥 대충대충 시설해도 된다는 식도 곤란하다. 고정식이든 이동식이든 업종에 맞고 사업 구상에 맞는 방식을 현명하게 선택하는 것은 여러분들의 몫이다.

인테리어

 다양한 형태의 크기와 모양에 영혼을 불어넣어 공간을 채울 때면 인테리어를 창의력 개발의 종합 선물 세트로 규정하고 싶다. 특히 눈으로 보이는 이 세상 모든 사물들이 인테리어 재료가 되고 소품이 될 수 있다는 철학과 잠재된 나만의 끼가 발현되는 교차점에서 적성을 숙성시키고, 차곡차곡 쌓인 스펙이란 덤을 얹어 성취를 위한 큰 마중물 효과를 얻어 낸다. 그러다가 시간이 점점 흐르고 재미가 경력이 되는 순간 자기만족에서 사회적 책임과 역할을 등한시할 수 없는 지위까지 가게 된다. 통상 인테리어는 투자금에 비례한다. 지금에서는 최고의 가성비가 가장 큰 무기가 되었지만 처음에는 가성비에 초점을 맞춰야 하는 소자본, 소상공인들을 위해 양심과 악수하기가 참으로 힘들었던 기억들이 난다. 하지만 무엇보다 상상의 공간을 현실 공간으로 오롯이 녹아나게 하기 위해 다수의 의견을 취합하는 과정도 쉽지 않은 숙제들이었다. 도면들이 있다고 하지만 나와 점주, 현장 책임자, 파트별 현장 작업자까지 서로 백가쟁명하다 보면 배가 산으로 올라가기 일쑤다. 모두가 헛심 공방이었음을 깨닫고 헛웃음 지으며 마무리되긴 하지만 매번 불필요한 감정 표출로 스트레스가 심할 때도 한두 번이 아니었다. 급기야 더 큰 문제로 서로가 기탄하고 이기적인 마음과 신뢰의 실종으로 대립과 분쟁들이 이제는 습속으로 자리 잡고 있는 것이 현실이 되었다. 상식적인 질문을 막고, 침묵을 강제하고, 서로가 금기시되어 공개를 꺼리기까지. 개인감정을 우선시하는 이기적인 행태가 인테리어 시장의 민낯을 여실히 보여 준다. 누군가는 한 번쯤 언급하고 넘어가야 하지만 워낙 민감한 부분이고 사실을 곡해하기에 어느 누구도 선뜻 깊이 있게 빗장을 풀지 못하고 있었다.

그래서 앞에서 한번 언급한 내용이기도 하지만 사안의 중요성과 사회적 소명, 책임이 더해져 무겁지만 한 번쯤 짚고 넘어가 보려 한다.

창업을 준비하면서 매장 인테리어(아웃테리어 포함)를 하게 되면 관련 주체로 점주와 인테리어 시공업체(또는 프랜차이즈 업체), 그리고 현장 근로자로 구분 지어져 인테리어 공사를 진행한다. 점주는 시설 도면을 확인하고 약속한 날짜별로 돈을 지불해야 하는 의무가 있고, 인테리어 시공업체는 그 돈으로 인테리어 자재와 소품을 구입하고 현장 근로자를 고용해서 약속한 시간에 도면대로 시설을 완공해야 하며, 현장 근로자는 인테리어 업체의 지시를 받아 책임 있는 도면 시공을 하여 약속한 인건비를 약속한 날짜에 수령하면 아무런 문제없이 깔끔하게 마무리된다. 그것이 진행의 순리이자 결과의 원칙이다. 이렇게 서로 사회적 약속을 충실히 이행만 해 주면 얼마나 좋을까 싶지만, 그 내면에 숨기고 속이는 그릇된 감정들이 개입되면서 서로에게 회복할 수 없는 상처들을 입힌다. 정도의 차이는 있지만 결국 누군가의 양보가 없이는 매끄러운 결과를 기대하기가 사실상 어렵다.

공사 현장에서 벌어지는 점주, 시공업체, 근로자 간의 입장과 서로의 생각들을 구체적으로 한번 살펴보자.

먼저 점주 입장이다. 점주는 인테리어를 하기 전 여러 업체와 관련 종사자들을 만나면서 인테리어 컨셉을 잡고 예산을 정한다. 그 과정에서 도면과 견적서를 받아 보는 일을 여러 번 반복하기도 한다. 원하는 인테리어 디자인을 정하고 그에 합당한 견적서를 받는 것으로 최종 선택을 하게 된다. 허나 손에 든 디자인과 견적서가 '최선의 선택이었냐'가 의문이다. 돈이 많아서 비싼 땅에 비싼 자재로 비싼 집을 짓는 입장이 아니라 소규모 점포를 임대해 생계를 위해 장사를 하겠다는 입장이라면 가성비를 의식하지 않을 수가 없다. 그런 측면에서 받아 든 디자인과 견적서가 희망 고문일 수밖에 없다는 것이다. 그 이유는 이러하다. 도면 디자인이 시공 후 현실 조화가 이루어지지 않고, 수많은 자재와 인력이 천양지차이기 때문에 마음먹기에 따라 절감 시공할 만한 변수들이 너무 많으며, 저렴한 견적서 시공은 하자 등으로 골머리 썩는 경우가 많다. 싼 게 비지떡이라는 말이 그냥 나온 말이 아닌 게 현장 분위기다.

공사 대금으로 선금이 전달되는 순간 아쉬운 소리를 하고 사정도 해 가면서 양심에 구걸을 해 보지만, '절대 손해 보는 공사는 하지 않는다'가 그들의 원칙이다. 최소한의 양심만 기대해 보는 수밖에 없으며, 공사 전 받아 본 디자인과 견적서가 허상이었다는 사실을 깨닫는 데 오랜 시간이 걸리지 않는다. 이론적으로는 고개를 끄덕일 수 있지만 실상은 고개를 가로저을 수밖에 없다. 만약 고개를 끄덕인다면 당신은 완벽하게 속은 것이다. '그나마'라고 생각하고 마음을 편하게 먹거나, '속는 건 마찬가지일 텐데'라고 생각하고 돈으로 해결하겠다는 마음으로 시작하면 아무런 문제가 없다. 합리적인 의심으로 구체적 이유를 들어 보자면 첫째, 수정과 보완 없는 시공은 절대 없다는 사실과 수천 가지가 넘는 인테리어 자재와 각각의 여러 브랜드, 재질, 기능이 모두 다르며, 어떤 것을 사용하는지 정확히 확인할 길이 없다. 둘째로 원하는 디자인이 깔끔하게 시공되기 위해 고용된 현장 근로자의 기술적 재능의 차이와 성실성, 일의 속도 차이가 확인되지 않아 최고의 인테리어 시설을 위한 비용(인건비)에 확연한 차이를 보일 수 있는 요소들이 이곳저곳에서 발생하여 많은 변수들이 생긴다. 최고의 자재로 최고의 기술자가 부지런히 빠른 속도로 일을 처리해 준다면 지금 견적서의 1.5배 이상의 견적서를 받아 보셔야 한다. 사실은 그렇게 견적서를 받아 보아도 상황이 달라지지 않는 건 매한가지며 어쩔 수가 없다. 순진한 점주들은 이런 분쟁들에 대한 구제 방법이 이행 보증 증권이나 공정 거래 위원회 같은 곳에 있다고들 믿지만, 원하는 결과로 도출시킨다는 보장도 없고 개업 날이 정해진 상황에서 시간과 비용, 정신적인 스트레스까지 해결책을 찾기는 쉽지 않아 보인다.

　최근에 들어서는 이러한 문제점들이 불신으로 이어져 점주들이 중도금 또는 잔금을 미루어 지급하는 경우가 많이 발생한다. 심지어 인테리어 공사에 대한 불만이나 하자 보증을 믿지 않아 완공 후 몇 달이 지나도록 잔금을 미루거나 지급하지 않는 경우도 발생되고, 법적으로 문제를 해결하자는 식으로 강경한 태도들을 보이는 점주들이 부쩍 많이 늘어났다.

   그렇다면 시공업체의 입장은 또 어떠한지 한번 살펴보자. 배신은 분쟁을 부르는 초대장이라며 억울해해야 하는 측은 바로 인테리어 업체 자신들이라고 하소연을 한다. 처음 약속과 달리 공사가 시작되면, 점주분의 무리한 요구로 추가 비용을 발생시키고 말도 안 되는 이런저런 핑계로 공사 대금을 미루거나 미지급하는 일이 다반사라며, 점주와 현장 근로자를 중개하는 측면에서 보면 피해가 가장 클 수밖에 없다는 입장이다. 그도 그럴 것이 자신들이 친절로 사기를 포장한다는 그릇된 점주들의 인식과 탐욕의 시선들을 보이며 터질 듯 부풀어진 배반의 풍선처럼 의심하고 경원시하는 현장 근로자까지 지난 너절한 악습을 정화시키고자 부단히 노력하고 있음에도 박해라는 도구로 자신들이 이용당하고 있다며 한숨을 쉰다.

   물론 모든 점주를 가리키는 건 아니라며 계약 시점에 공사 비용을 조금이라도 깎아 달라고 애원하는 점주들은 실수 없는 약속과 신뢰를 제공해 주시는 편이고, 반대로 알아서 원하는 대로 해 줄 테니 좋은 자재로 깔끔하게 일해 달라고 얼렁뚱땅 두루뭉술하게 일을 처리하려는 점주들이 그런 경우가 많다고 한다.

   실제로 넉넉한 견적에 혹해서 점주를 믿고 약속한 공사를 진행하지만 막상 공사가 진행되면 권리만 챙기고 책임은 외면해 결국 그들 자신(점주)을 지키고자 전가의 보도로 답도 없는 민사 재판을 진행

시키게 하는 경우가 비일비재하다. 처음부터 의도적으로 일명 바지 사장 같은 제3자를 중간에 내세워 계약한 후, 바지 사장이 도망갔다며 피해자 코스프레하는 점주들도 많다는 것이다. 현장에 있다 보면 인테리어 업체들의 이러저러한 입장들이 이해 안 가는 바도 아니다. 책임 있는 각자의 역할이 있을 터인데 이 분야가 유독 분쟁이 잦은 이유는 다양성에 대한 이해력이 부족한 탓과 예측 불가한 변수의 폭이 넓고 고무줄식 시공들로 인테리어 비용에 기준이 서 있지 않기 때문이다. 결정적으로 서로가 도덕적 상대주의에 빠져 자신의 잘못보다 타인의 잘못을 비판하는 데 더 열정적이기 때문이다.

그렇지만 분명히 해 둬야 하는 것은 인테리어를 직업으로 하는 업체나 업자의 입장은 인테리어가 생활(일상)이라는 점에서 경험에 대한 노하우와 대비책들이 분명히 있겠지만, 창업을 준비하는 일반인이라면 평생에 한두 번 있을까 하는 경험이기에 업체(업자)의 안내에 애잔한 사적 충정심을 가지게 마련이다. 비록 '갑'의 위치에 있다고는 하지만, 실상은 그렇지 않다는 사실을 인테리어 시공업체나 업자들은 잘 알고 있을 것이다.

옳고 그름에 소수와 다수의 집단을 구분 지어야 한다면 소수의 옳은 쪽은 항상 창업자 점주의 몫일 때가 많다. 양심을 저당 잡혀 도덕이 타락한 다수의 잘못된 집단으로 규정되기 전에 이제부터라도 인테리어 관련 직업군은 혁신적인 리더십과 도덕적 의무를 확대 생산하는 연대 의식만이 가장 큰 가치를 창출한다는 사실을 깨달아야 할 것이다.

마지막으로 현장 근로자의 생각과 입장이다. 인테리어 현장 근로자들은 '노동력 가치에 비해 대가의 형평성에 흠집이 났다'라고 생각하는 사람이 극히 드물다. 다만 노동력 가치에 흠집 나지 않게 대가의 신속한 집행을 간절히 원할 뿐이다. 상황에 따라 용역 업체 소개로 일당을 받고 일하시는 분들도 있지만, 대부분은 익숙한 관계에 있는 시공업체나 업자, 파트별 책임자로부터 서로 약속한 날짜에 일당 계산이나 면적 계산으로 인건비를 받고 일한다. 그런 환경 속에서 일을 하다 보니 아무래도 소득 수준이 평균보다 조금 낮은 취약 계층에 계신 분들이 많아서 돈을 주고 일을 시키는 주체를 경원시하는 성향들을 많이 보인다. 가만히 이유를 들여다보면 인건비를 떼이는 경우가 종종 발생하다 보니 최소한의 투명성이 담보되지 않는다면 무엇을 근거로 신뢰성을 주장할 수 있냐는 것이다. 그러면서 언제부터인가 책임보다 권리에 치중하고 집착하는 것이 자연스러운 현상이자 대응 방식이 되어 버렸다. 그 결과로 노동의 의지는 꺾이고, 하자 시공을 양산시키는 원인이 되기도 한다. '장사를 할 수 있는 너(점주)와 나를 고용한 너(업자)는 나보다 형편이 좋잖아' 하고 자신을 푸념하면서 일에 대한 열정과 책임감을 등한시하는 경우가 많이 있기 때문이다. 자신들도 사회적 약자의 비애라며 행위에 대한 정당성을 피력하면서 그런 이유로 이렇게까지 할 수밖에 없음을 명분으로 인정해 달라는 눈치다. 여유라는 사치를 좀처럼 이웃하기가 쉽지만은 않는 듯 보인다. 세월만큼이나 혹사시켜 버린 자신의 몸 상태를 보면서 되돌릴 수 없는 세월을 원망하고 이제는 기술보다 요령으로 악착같이 건강하게 오래도록 일할 수 있기만을 바라는 마음이 당연히 먼저 생각날 것이다. 어떻게 보면 현장 근로자의 모든 행동에는 분명한 이유가 있음을 이해해 줘야 한다.

자, 그러면 이런 현장 분위기를 점주의 입장에서 어떻게 이해하고 대처해야 할지, 지혜로운 문제 해결 방법에 대해 한번 짚고 넘어가 보도록 하자. 먼저 먹이 사슬 관계를 이해해야 한다. 각자의 입장에서 상대를 대하는 형태를 살펴보면, 점주는 업체(업자)에게 요구하지만 근로자에게는 온정을 보이며, 업체(업자)는 점주에게 '을'이지만 근로자에게는 '갑'이 되며, 근로자는 점주를 무시하고 업체(업자)에게는 굴복하는 모습이다. 점주의 따뜻한 온정과 호의가 현장 근로자들 눈에는 '함부로 할 수 있겠다'라는 아집의 행동으로 보일 수 있다는 사실을 명심해야 한다. 침묵도 소리다. 침묵마다 뜻이 다르다. 현장 근로자에게는 침묵으로 소리를 내는 것이 효과적이다. 일에 대한 불만이 '하자'라는 보복으로 묻어 나올 수 있다는 교훈도 깨달아야 한다. 점주와 특히 인테리어 업체에 대한 현장 근로자들의 불만이 여러 가지 형태의 표현으로 나오는데 말씨름만 하는 경우와 일을 도중에 그만두는 경우, 그리고 최후의 복수로 '하자'가 발생되게 하는 경우까지 피해는 모두 점주의 몫이다. 인테리어 시공업체나 업자는 점주가 선정하지만, 현장에 투입되는 현장 근로자는 어차피 점주의 영역이 아니다. 원칙적 관점에서 처리해야 하며 적당히 온정적 관점으로 해결할 사안이 아니라는 것이다.

최근 들어서는 가설 공사, 목공사, 타일 공사, 도장 공사, 전기 조명 공사 등 사업자로서의 시스템 체계를 잘 갖춰 분쟁 소지를 조금씩 줄여 가고는 있다지만, 현장 근로자의 근성 같은 여러 잘못된 악습의 잔재를 모두 뿌리 뽑기는 힘들어 보인다. 그와 동시에 땀 흘린 노동의 가치도 원래는 순결한 것이었고 그들의 흠결들이 잘못된 사회적 편견이나 인식에서 비롯된 억울한 측면도 있음을 결코 잊어서는 안 된다.

프랜차이즈와 창업 컨설팅을 지금껏 해 오면서 나는 직접 신규 창업 한다는 책임감으로 점주의 입장에서 현장을 지켜보기도 하고, 직접 인테리어 시공을 맡아서 인테리어 업체(업자)의 입장도 되어 보기도 했으며, 일손이 부족하거나 인력난을 겪을 때에는 역으로 일당 받고 가끔씩 기능공을 돕는 일명 '데모도' 일까지 해 보며 모두의 입장을 두루 경험하였다. 그렇게 각각의 입장을 생각하다 보면 위선에 포장된 배려 탓에 경박과 혼돈의 진흙탕을 떠나 영혼의 비밀 정원으로 피정해야 할 것 같은 답답한 마음들로 고민할 때가 많았다. 최소한 은인 같은 실장님을 만나기 전까지는 그러했다. 그리 오래갈 것 같지 않았던 힘든 시간들을 보내고서야 예상치 못한 만남으로 한순간에 그 모든 고민을 극복해 낼 수가 있었다. '손발이 척척 맞다'고 해야 할까? 그분은 도깨비방망이를 들고 다니시면서 내가 꿈꾼 동화를 만들어 주신 분이라고 표현하고 싶다. 전라남도 구례가 고향이고 희미하게 지우다가 만 '관악구청'이라고 새겨진 낡은 1톤 트럭을

몰며 구로구에서 설비 일을 하시는, 당시 50대에 잘생기고 멋진 사장님이셨다. 수많은 인테리어 관련 종사자분들을 만났지만 나의 커리어에서 절대 잊을 수 없는 분이다. 본업은 설비 사장님이지만 실제로는 목수, 전기, 도장, 타일 등 인테리어의 모든 분야를 감당해 내는 멀티 플레이어였다. 실험적이고 불가능해 보이는 것도 우리 둘이라면 늘 200% 만족한 결과들을 만들곤 했다. 20여 년 전 창업 관련 일을 처음 시작하고 지금의 위치에 오기까지 절대적인 역할을 해 주신 분이라 해도 과언이 아닐 정도로 실장님과 같이한 시간들이 소중한 추억과 고마움으로 기억되고 있다.

이처럼 분리라는 원심력 작동을 하나의 구심력으로 발휘해야 하는 얼개의 형성이 무엇보다 중요한 것이 바로 인테리어이다. 결국 어떤 사람을 만나느냐가 아주 중요하다는 걸 그때 깨닫게 되었으며, 그런 점이 희망을 전염시켜 실천할 수 있는 계기가 되었다.

끝으로 인테리어에 대해 한 가지만 더 당부 말씀드린다.

대형 프랜차이즈 10평대 창업 비용이 지방 아파트 한 채 비용이다. 창업 비용 중 인테리어 비용으로 2억이 넘는 곳도 왕왕 있다. 10평대, 2억 넘는 창업 비용을 소상공인의 창업으로 보는 것이 가당키나 할까? 임대한 점포에 투자한 시설비를 한마디로 정의하자면 훨훨 날아가는 돈이며 나중에 수거할 돈은 거의 없다. 예외는 있겠지만 10평대 점포에서 장사로 2억을 모으려면 '국가 대표 농구 팀이 올림픽에 나가서 금메달 획득할 확률과 같다'고 한다. 대형 프랜차이즈 가맹점의 평균 수명이 길고 폐업률이 낮은 이유는 높은 브랜드 인지도에 있다고 하지만, 실상은 자산이 많은 점주가 창업하는 경우이거나 지속적인 가족 지원이나 지인 후원이 가능한 사람들이 주로 창업하기 때문이다. 그와 더불어 폐업을 하고 싶어도 폐업을 못 하는 또 다른 가장 큰 이유는 바로 투자 비용에 있다. 투자 비용에 발목이 잡혀 '억울해서 폐업 못 해', '권리금은 받고 나갈 거야'라며 장사가 잘 안된다는 소리는 입 밖에 내지도 못하고 버틸 수 있을 때까지 버티고 있는 점주들이 많기 때문이다. 창업 비용이 높다는 것은 폐업으로의 수명을 앞당기는 위험한 시작이 될 수 있다는 사실도 꼭 명심하길 바란다. 돈 없어 돈 벌려고 장사를 시작하면서 누구에게 무슨 이야기를 듣고 그러는지? 누구를 신뢰해서 믿고 선택하는지는 모르겠으나 아닌 건 아니지 않은가? 무턱대고 절제하고 긴축하자는 것이 아니다. 자신들의 체급에 맞는 창업, 인테리어를 준비하시라는 말이다. 거지는 길거리에서 음식을 주워 먹는 사람을 가리키는 것이 아니다. 분수를 모르고 사는 사람이 바로 거지다. 거지 근성은 실패를 달고 산다.

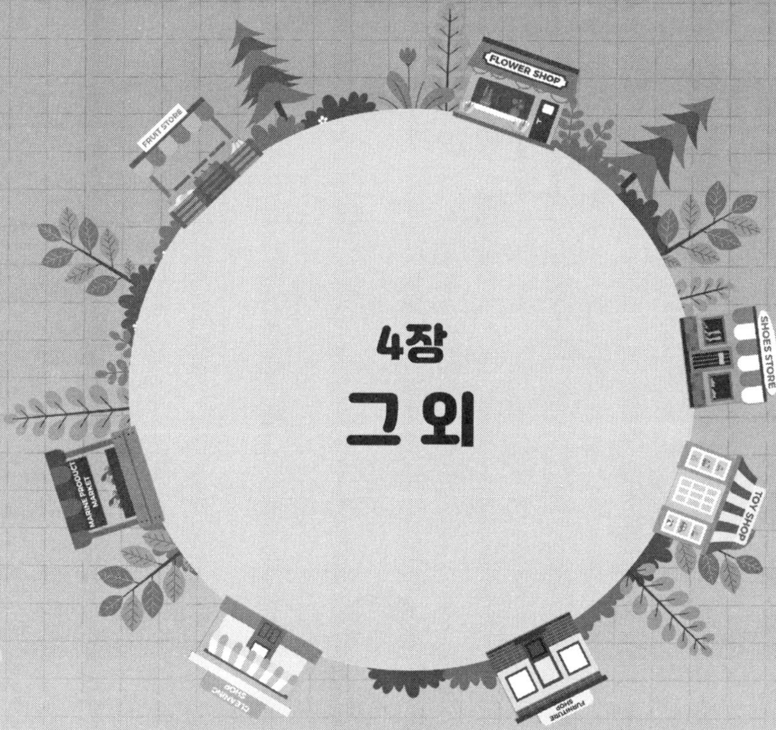
FLOWER SHOP
FRUIT STORE
SHOES STORE
TOY SHOP
MARINE PRODUCT MARKET

4장
그 외

"DIRECTION"

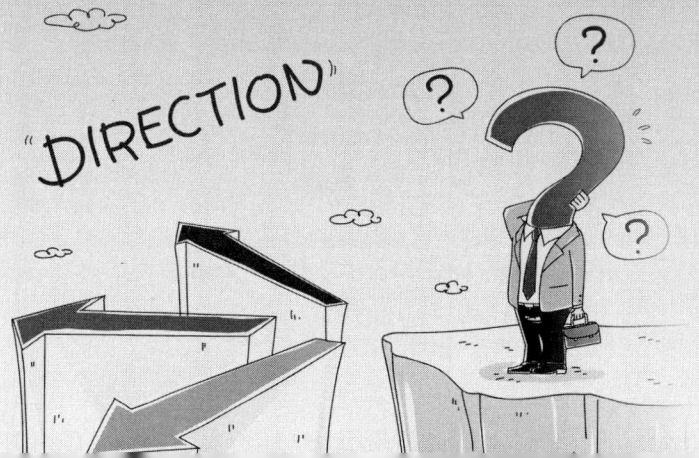

경쟁 아이템이 기껏 인건비와 재료 원가 긴축이었다.

장사가 잘되는 A점포가 비싼 고추장(공산품)을 구입하여 음식 재료에 사용한다 하니, B점포는 좋은 고춧가루를 구입해서 직접 고추장을 만들어 사용한다고 한다. 그러자 C점포에서는 고추를 산지에서 구매해 와서 직접 기계로 빻아 고추장을 만든다고 하고 D점포에서는 급기야 직접 유기농으로 고추 농사를 지어 고추를 말리고 직접 빻아 고추장을 만들어 사용한다고 한다.

창업은 총알(투자금)을 든든히 가지고 시작해야 한다고들 한다. 그런데 폐업을 앞둔 자영업자 한 분이 한숨 섞인 푸념으로 이 말을 한다.

"서로 전쟁하듯 경쟁하는 방식은 총알이 아닌 폭탄이 되어 자폭하는 꼴이야! 빈대를 잡으려다 초가삼간을 태운다!"

외식 창업에 있어 차별화라는 말들을 자주 쓰곤 한다.

1차적으로 전통 방식을 토대로 맛에 차별을 둘 것인가? 아니면 전혀 다른 퓨전 음식이나 자체 개발한 음식으로 승부를 걸 것인가? 하고 여러 고민을 할 것이다. 그런데 한 가지 간과한 것이 있다면 어떤 음식을 요리하고 판매를 하던 음식 가격과 연동시켜 고민하지 않는다는 것이다. '시장 전반에 형성된 가격이니까! 인근 가게들이 이 가격으로 판매하니까!'라며 보편적 상식에 준한 가격을 판매가로 책정하기 일쑤다. 그렇게 30여 가지 재료를 사용하고, 5시간을 물에 불리고, 12시간 이상 삶고 끓이며, 48시간 숙성을 시킨 뒤 만들어진 음식 가격이 5,000원이 된다. 설상가상 우리는 이곳을 착한 식당이라고 부르기도 한다. 그것도 모자라 앞서 말한 성공 외식 창업의 측도로 농사를 짓거나, 가축을 키우거나, 어부가 되어야 하고 심지어 원재료의 가공 공장을 지어 직접 배송까지 병행해야 할 지경에 이르렀다. 현실 경영도 힘들어 죽을 맛인데 어떻게 경쟁력을 갖춰야 할지, 자영업자들의 한숨이 점점 매연이 되어 생명력을 잃어 가고 있다.

사실상 경쟁은 제 살을 깎아 먹는 잘못된 인식에서 비롯되었다. 어디서부터 뭐가 잘못되었을까?라는 빤한 물음에도 고개만 갸우뚱할 뿐이다. 결국 시작부터가 잘못된 창업으로 차츰 재료비, 인건비 긴축이 이어지지만 끝내 폐업의 수순은 막지 못한다. 실체를 파악해 보면 경쟁이라는 경영 압박에 못 이겨 매출만 신경 쓰다 보니 매장 관리에 필요한 운영 비용을 소홀히 여긴 결과이다.

김치 버거를 출시했다는 영국의 유명 햄버거 프랜차이즈 업체의 경쟁력은 비교 대상 제품을 출시하는 것이 아니라, 따라할 수 없는 새로운 것을 추가 출시한다는 점이다. 이처럼 외연 확장만이 능사가 아니라 따라할 수 없게 해야 한다. 그것도 아니면 처음부터 새로운 시장의 개척 정신이 필요하다. 한국에서는 경쟁하겠다고 열심히 사골을 우리고 있는 사이, 일본인 애국자는 퓨전 스시 '캘리포니아 롤(생선·야채·과일 등 다양한 재료를 사용하여 유럽과 미국 등 서구인의 입맛에 맞게 변형된 초밥의 일종)'을 세계적인 음식으로 자리매김시켰다. 김이 들어가는 캘리포니아 롤로 인해 먼 훗날 김밥도 스시라고 우기지 않을까 염려된다. 지금도 그렇게 오인하는 외국인들이 많다. 캘리포니아 롤이 스시라는 것은 사전적 의미일 뿐, 나는 한국 김이 사용되는 캘리포니아 롤이 한국 김밥에서 유래된 퓨전식 김밥이라고 외국인들에게 알리고 있다. 아무튼 짧은 조리 과정(노동력), 간편 식단 차림(인건비, 재료비), 고급화 전략(수익률)까지 쉽게 돈을 많이 벌고 싶은 마음은 굴뚝 같지만, 현실에서는 희망 고문일 수밖에 없다. 최고급 국내산 재료로 삶고 숙성시키기를 수 시간, 그것도 모자라 박리다매까지. 완전히 역행하는 운영 방식들은 기울어진 운동장에서 축구하는 꼴이 되었다. 공을 아무리 차고 차도 자꾸만 내 골대로 굴러온다. 절대 이길 수 없는 시합을 하고 있다.

　성공한 해외 음식 브랜드를 보면서 '외국이겠거니'라고만 치부하고 말 것이 아니라 우리도 국내 현실에 맞게 외식 창업의 기본 마인드를 새롭게 정립하는 대변혁이 필요하다. 지금까지는 재료비, 인건비, 시설비는 크게 의식하지 않은 채, 신선한 최고급 재료로 모든 수단을 찾아 맛을 내고 푸짐한 양으로 서비스하는 것만이 승산이라고 생각하지 않았냐 반성해 봐야 한다. 기본에 충실하고 전통을 중요시하면서 트렌드를 선도하는 햄버거나 간편하면서도 새로움에 도전한 고급화된 초밥 같은 메뉴가 왜 세계인들이 사랑하는 음식이 되었는지 시사하는 바가 크다. 손님이 원하면 하겠다는 고객 중심의 경영이 모든 것을 다 망쳤다. 수십 번을 강조해도 부족할 것 같아서 다시 말씀드린다. 비싼 재료만 사용하고 오랜 시간을 끓이고 숙성까지 하고도 왜 만족을 못하는지. 푸짐한 양은 덤이었으니, 꼭 그렇게까지 해야만 하는 게 능사가 아니지 않는가? 재료비, 가스비, 전기료, 인건비 다 어떻게 감당할 것인가? 서로 경쟁하느라 음식 값 몇천 원을 올리지 못해 기껏 생각해 낸다는 것이 반찬 재탕에 대한 고민이지 않았나? 창업 상담을 하다 보면 도무지 무슨 생각들로 저럴까 하는 생각이 많이 든다. '고객 중심', 이 따위 외침은 뱃속에 기름기가 잔뜩 낀 방송 출연자들이나 지껄이는 헛소리라고 생각해라. 먼저 자신을 위하는 자존감 있는 확고한 경영 철학이 우선이다. 제발 부탁한다. 아무 생각 없이 개발이라는 미명 아래 생선, 야채, 과일, 가공 식품 등 오만 가지를 특별할 것도 없이 단순한 김밥 재료로 사용해서 국내에서 내부 총질로 경쟁하고 있는 사이, 해외에서는 김밥이 스시의 한 종류로 일본 음식이 되어 가고 있다.

 전 세계 사람들이 사랑하는 K푸드, 치킨, 불고기, 비빔밥, 김치, 떡볶이, 라면 등등 무궁무진한 경쟁력이 갖추어져 있는데도 세계적인 브랜드로의 성장은 고사하고 음식 문화 자체를 중국이나 일본에 빼앗길 판이다. 이대로라면 분명히 우리의 K푸드는 성장 한계에 직면하게 될 것이고, 결국 그 원인은 국내 시장 내부에 있었음을 뒤늦게 인식하고 후회를 할 것이다.

내부 경쟁이라는 잘못된 인식을 피해야만 백해무익한 고충들이 줄어들 것이다. 성실하고 부지런하다는 표현은 절대 노동력만을 의미하는 것이 아니다. 또한, 경쟁력을 노동에서 찾으려는 미련한 짓도 멈춰야 한다.

핀란드 셰프가 TV에 출연해 자국 음식을 소개하면서 고기의 원재료 맛을 살리기 위해 소금과 후추만 사용하여 조리하는 것이 전통이라며 단순함의 진리를 강조한 것을 시청한 적이 있다. 또한, 'MSG 없으면 음식이 아니다'라고 하며 국산 MSG에 환장들하는 중국인들의 가공 식품 사랑을 우리도 눈여겨봐야 한다. 이제부터 옆집 사장님들과 경쟁심은 잠시 접어 두고 필요에 따라 적절한 공산품을 애용하고 우리 입맛에 맞는 수입산 재료와 국내 중소 가공 식품 회사의 제품을 잘 활용해 서로가 수고를 덜 수 있는 아이템을 잘 연구 개발하여 가성비 좋은 창업으로 모두 부자가 되었으면 한다. 동종 업계에 종사하다 보면 서로 끈끈한 동지애가 생기기 마련인데 유독 자영업자는 영원한 적군만 늘 이웃하고 있어 안타깝다. 이제부터라도 번잡하고 복잡한 시스템은 지워 버리고 외식 사업하시는 자영업자 한 분, 한 분이 상생과 지속을 계획하여 다 함께 국민들의 입맛을 선도해 나가야 한다.

세상에
상권 분석이라는 것은
없다.

유동 인구가 얼마나 되는지, 유효 수요 인구는 얼마인지, 이동 방향은 어떻게 되는지, 주변 직장인 근로자 수가 얼마나 되는지, 몇 차선 도로인지, 지하철이 얼마나 가까운지, 버스 정류장과의 거리와 횡단보도 거리가 얼마나 되는지, 주변 아파트 세대수가 얼마나 되는지, 아파트 출입문이 어디로 났는지, 앞으로 주변 개발 계획이 어떻게 되는지, 업종에 맞는 주변 소비층의 성별, 연령, 직업군, 소비 성향 분석 등 시작부터가 황망하다. 하지만 처음부터 삐걱거리는 난관들도 실상은 큰 염려를 하지 않는 듯 확증 편향하고 있다. 일찌감치 결정만 남겨 둔 점포에 자기 암시라도 하듯 위로받고 싶은 심정으로 상담하는 예비 창업자가 많이 있기 때문이다. 어디서 주워들은 짧은 지식으로 무지막지하게 업종과 연관성을 강조하면서 내가 이 부근에 거주를 해서 잘 안다거나 이 동네에서 오랫동안 회사 생활을 했기 때문에 이쪽 상권은 잘 안다며 상담을 위한 상담이 아니라 경청을 원하는 예비 창업자가 많다.

아무리 세련된 표현들도 뜻풀이를 하다 보면 여러분의 단순한 생각과 대부분 일치하는 것이 상권 분석이다. 원하는 업종에 장사가 잘될 것 같은 상권은 비싼 임대료의 점포(건물)다.

적은 비용 소자본으로 치킨&맥주 가게를 창업한 점주가 있다. 개인 창업으로 넉넉지 않은 주머니 사정에 상권 분석 같은 것은 자신에게는 사치였다며 복잡한 생각 없이 자본금에 맞는 매장 크기를 찾아 헤매기를 여러 날, 마침내 저렴한 임대료의 점포를 찾아 아무 생각 없이 계약하고 장사를 시작했다고 한다. 그리고 1년도 채 지나지 않아 치킨 맛이 좋다는 소문에 맥주 한잔하겠다며 멀리서 일부러 찾아오는 손님이 있을 정도로 북새통을 이루었다. 그렇게 사람들이 몰려들다 보니 주변 상권도 같이 살아나기 시작했다. 심지어 주변 다른 업종 가게들이 치킨&맥주로 업종 변환하는 사태까지 벌어진 것이다. 그런 와중에 예상치 못한 일이 벌어진다. 주변 일대가 다 같이 장사가 잘되어 상권이 살아나기 시작하니 그 일대 건물 주인들이 임대료를 하나둘씩 올려 받기 시작한 것이다. 자영업자로 불리다가 어느 순간부터 '영세'자영업자라고 불리는 원인은 항상 이런 식으로 탈출구가 없는 큐브에 가둬 놓고 천덕꾸러기 박해의 대상으로 낙인시켜 잘되는 꼴을 절대 용인하지 않으려는 사회의 분위기이다.

이처럼 성공한 개척 정신의 창업자도 환경이 늘 담보되지 않는데 임대료가 비싸고 권리금이 높은 점포만이 만사형통을 가져다줄 것으로 믿고 기웃거리는 예비 창업자는 얼마나 더 한심해 보이겠나? 과거도 그랬고 현재도 그렇고 미래도 그럴 것이, 시간차는 있겠지만 반드시 상권은 이동한다. A급 상권에 막차 타는 기분으로 입성한다거나 권리금이 높은데도 생떼를 부리며 특정 장소만을 고집한다면 투자금에 비해 수익률이 현저하게 떨어지고 기대치만큼의 상권 역할을 하지 못한다. 결국 상권이라는 것은 유형이 아니라 무형으로 소상공인 자영업자가 가급적 개척해야 하는 것을 원칙으로 사장님의 영업 수완이나 맛으로 승부하도록 해야 하며, 장소와 같은 상권에 휘둘리지 말고 고객들이 찾아다니게 만드는 전략들이 필요하다. 상권이라는 용어의 접근을 획일적이고 편향된 시각으로만 보려 하지 말고 집과의 거리, 형편에 맞고 가성비 좋은 곳, 착한 건물 주인, 식자재 구입이 용이한 장소, 영업 관리가 용이한지 등 상권의 개념을 실용적인 셀프 상권으로 가볍게 풀어냈으면 좋겠다.

우리 스스로에게 되물어야 할 것은 '삶에 있어 왜 이토록 상담과 교육에 집착하고 자기 검열에 정신적 혹사를 가할까?'라는 자기반성이다. 자신을 의심하지 말고 오기를 부릴 땐 부려라. 다만, 최선은 다해야 한다.

셰프는 그냥 일반 노동자일 뿐이다.

하루는 TV를 보다가 유명 셰프가 음식 프로그램에서 '음식을 우습게 아느냐'며 다그치는 장면을 보았다. 나는 그런 모습을 오랜 기간 현장에서 전문 요리 교육자들 입으로 자주 듣곤 했었다. 그런데 나 역시 교육자가 되어 내가 하는 브랜드에 주방 요리 교육을 직접 해 주곤 했지만, 나는 '별것 없다', '어렵게 생각하지 말고 우습게 생각하시라', '조금만 하면 다 잘될 것이다'라고 희망 섞인 어조로 항상 독려했다. 대부분의 점주들은 요리 교육 기간에 꼼꼼히 사진 촬영을 하고 개인 수첩에 열심히 뭔가를 메모해 가며 끊임없이 모르는 점에 대해 질문을 계속 던진다. 하지만 그들의 눈빛에는 곧 현실에 부딪히게 되는 극도의 두려움과 극복의 의지만 느낄 뿐이다. '셰프'. 그들의 카르텔이 철옹성같이 단단하게 형성해 가고 있는 사이 그들을 있게 해 준 자영업자들은 하나둘 모래성처럼 무너져 가고 있지는 않을까?

'음식을 우습게 아느냐' 이 말은 참 많은 것을 생각하게 하다가도, 혼탁하다는 방증은 아닐까라는 의문도 가지게 한다. 상대에 대한 교육이나 배려에 앞서 자신들의 귀족적 포시션을 선점하여 맨 앞줄에 서고자 하는 몸부림으로, 경쟁적으로 군계일학의 기량을 뽐내려는 편견과 궤변과 과대망상으로 끊임없이 징징대는 시늉일 뿐이라고도 생각한다. 모든 이가 그렇다는 이야기는 아니지만, 나는 최소한 셰프의 자세로 조심스럽고 겸손해야 하며 사명감과 자부심을 동시에 가져야 한다고 생각한다. 소비자 중 누군가는 음식도 문화라고 생각할 수 있지만, 또 다른 소비자에게는 생명 부지를 위한 한 끼 식사에 불과할 수 있기 때문이다. 그런 점에서 점주의 입장은 또 다르지 않겠나? 교육자 셰프가 사용하는 표현의 저의는 분명해 보이지만, 요식업에 종사하는 대부분의 사장님들은 전문성을 요하는 셰프가 되길 희망하지도 않고 될 수도 없다는 것을 잘 알고 있다. 그들에게는 음식의 사명감을 논하기 전에 단순한 생계 수단이 우선일 수밖에 없다. 그런 그들 앞에 자신의 우월성과 가치를 높이기 위해 식당 주인의 존엄성을 폄하하는 발언에 눈살을 찌푸릴 수밖에 없었다.

의식주는 사람이 누려야 할 기본 욕구이자 권리다. 그 의식주가 행복의 지수를 가늠하는 지표가 되기도 한다. 좋은 옷을 입고, 맛있는 음식을 먹고, 비싼 집에 살기 위해 삶의 대부분의 시간을 허비하고 있지 않나? 우리 솔직해져 보자! 5,000원 하는 식단과 10만 원 하는 식단을 제공하는 사람과 소비하는 사람은 일찌감치 구분되어 있다. 음식점을 찾는 고객들의 유형도 생존을 위해 그냥 배만 부르면 된다거나, 더 나은 삶을 위해 참고 아껴 먹어야 한다는 유형이 있을 것이며, 반대로 다양한 맛을 찾아 즐기기 위해서와 문화 트렌드로 인식하여 아낌없이 소비, 지출하는 유형도 있을 것이다.

파인다이닝에서 유명 셰프 요리를 예술로써 극찬할 맛을 기대할 수는 있겠지만, 특별할 것 없는 서비스와 극도의 맛을 기대하지 않는다면 점심시간 직장 부근 작은 골목 식당에서 나오는 푸짐한 3,000원짜리 잔치 국수에서 특별한 의미를 부여할 이유는 뭐가 있으며, 우습다는 저급한 표현으로 공포감을 조장하는 이유는 또 뭐가 있겠나? 배고플 때는 찬밥에 물 말아서 쌈장에 오이나 고추 하나 집어 들면 최고의 음식이 되지 않는가?

주름진 얼굴만큼이나 가난하고 고단했던 지난 세월을 고스란히 안고 사는 일반 소시민들이 수십 년을 경험하고 노력한 장인과 비교될 수 없기에 자신만을 위한 이기적인 표현보다 새로운 환경 적응에 대한 부담과 두려움, 그럼에도 가성비가 훌륭한 음식을 내고 싶은 그들의 욕망의 한계점을 응원하는 표현이 필요하다. 적당한 긴장은 자신감과 용기를 심어 주지만 지나친 공포는 좌절과 포기로 의욕만 상실시킬 뿐이다.

예비 창업자들도 꼭 아셔야 할 것이 있다. 대단하고 특별한 음식은 지구상에 없다. 각종 정보 채널을 통해 레시피가 모두 공개되는 세상에서 살고 있으며, 새로운 것들도 하루가 멀다 하고 계속 출시되고 있다. 훌륭한 셰프일수록 자신의 요리를 두고 대단하다고 자화자찬하지 않는다. 특별한 게 하나도 없다는 것이 진리이기 때문이다. 음식에 대한 두려움을 떨쳐 버리고 요리에 대한 자신감을 가져라. 조금만 노력하면 모두가 셰프다. 입으로 들어가는 것들은 공기도 음식이다.

특별한 맛을 제공하는 식당에는 손님이 없다?

볶음&무침: 달콤하다. 매콤하다. 고소하다. 달짝지근하다. 새콤하다. 짭조름하다. 쌉싸름하다.
찌개&국: 얼큰하다. 담백하다. 걸쭉하다. 시원하다. 껄껄하다. 구수하다. 진하다. 상큼하다. 개운하다. 칼칼하다.
튀김&전: 바삭하다. 노릇하다. 탱탱하다. 쫀득하다.
양념장&소스: 오묘한 맛이다. 감칠맛 나다. 달큰하다. 부드럽다.
그 외: 손맛이다. 사르르 녹는다. 고풍스러운 맛이다. 깔끔한 맛이다. 식감이 좋다. 목 넘김이 좋다. 깊이가 있다. 은은한 맛이다.

외식 창업 관련 일을 하다 보니 자연스럽게 '맛이 어때?'라는 표현을 자주 듣고 말하게 된다. 모두가 맛의 정의를 은유적으로 표현하지만 알고 보면 익숙해져 버린 관성으로 알쏭한 상상 속 지극히 주관적인 맛의 표현으로 혼란을 자초하는 건 아닌지 의문이 든다.

음식과 맛은 필연적 관계일 수밖에 없다. 그래서 외식 사업을 시작할 때 가장 먼저 신경 쓰는 것이 아마 '맛'일 것이다. 그런데 한 번쯤 이런 의문이 들었다. 삶은 감자를 소금에 찍어 먹어야 할지, 설탕에 찍어 먹어야 할지. 순대를 소금에 찍어야 할지, 쌈장에 찍어야 할지. 회나 삼겹살을 먹을 때도 취향에 따라 소스나 장을 달리 하는데 정의는 있을까?

맛이란 개개인의 취향에 따라 다를 수밖에 없겠지만, 보편적으로 다수가 좋다고 하는 맛이 맛집으로 지금껏 인식되어 왔다. '그렇다면 역설적으로 다수가 찾는 맛집이 평범한 음식점이라고도 봐야 하지 않을까?'라는 질문을 자연스레 하게 되면서, 소수가 찾는 음식점의 음식이 오히려 특별할 수 있다고 반문을 하게 된다.

같은 의미와 뜻을 가졌음에도 우리는 일상에서 긍정적인 맛을 표현할 때는 '매콤하다, 짭쪼름하다, 달짝지근하다, 새콤하다'라고 하지만, 부정적인 표현일 때는 '맵다, 짜다, 달다, 시다'라고 한다. 최근 들어 각종 미디어의 음식 소재 프로그램에서 유명 셰프들이 경쟁적으로 맛을 표현하며 넛지 효과의 수단으로 소비자들에게 파노플리 효과를 부추긴다.

나는 그런 맛 표현을 가지고 '기대 맛'이라고 한다. 이러한 기대 맛들이 미디어나 인터넷을 통해 외식 시장을 더욱 혼란스럽게 만들고 있다. 우리는 몇몇 유명 셰프들의 입맛에 노예가 되어 버린 지 오래다. 또한, 13만 원짜리 햄버거가 햄버거 맛의 끝판왕이 되듯이, 2만 원짜리 라면을 먹어야 '맛집'이라 하고 3천 원짜리 라면은 절대 '맛집'이 될 수가 없다고 단정 짓는다. 셰프의 말이라면, 또는 비싼 가격대의 음식이라면 먹어 보지도 않고 기대 맛으로 극찬들 한다. 간혹 거기에 속아 즉흥적으로 창업을 결심하는 사례도 많이 보아 왔다. 나는 창업에 있어서 음식 맛에 그렇게까지 민감할 필요는 없다고 생각한다. 진'라면과 신라면, 짬뽕과 자장면, 순대 국밥과 돼지 국밥만 구분 지을 줄만 알면 되지 맛까지 그렇게 목숨 걸 필요가 있을까?'라고 소비자분들께도 되묻고 싶다. 오래전 외식업계의 대부 성신제(피자헛) 대표와 양념 치킨(맥시칸 치킨)의 창시자 윤종계 대표의 피자와 치킨은 누구도 범접할 수 없는 '최초의 맛', '최고의 맛'이라는 수식어가 평생 따라다닐 것 같았지만 현실은 그렇지 않다는 걸 확인하지 않았나. 그리고 앞으로도 그런 기대 맛은 존재하지 않을 것이다.

　창업을 시작하면서 성공을 확신할 수 있는 맛은 이 세상 어디에도 없다. 맛이란 표현할 수 없는 그냥 기대 맛일 뿐이다. 그래서 창업이 어렵다.

　우리는 고기 맛을 위해 솥뚜껑, 가마, 삽, 항아리, 양은 냄비, 그리고 가스, 숯, 볏짚, 장작, 연탄 등 굽는 방식을 놓고도 전쟁 중이다. 음식 맛을 평가할 때 미각, 후각과 함께 시각도 한몫하는 것에 부정할 수 없지 않은가! 차별화된 주방 도구나 조리 방식도 꾸준히 개발, 발전해 오고 있다는 사실도 함께 기억할 필요가 있다.

　90년대 중반 겨울, 뉴욕에 있을 때 타임 스퀘어에서 우연히 커피점 간판을 보고 '저 가게 커피가 참 맛있겠다'라는 생각을 한 적이 있다. 커피 잔 형태의 조형물(간판) 안에서 수증기처럼 보이는 하얀 연기가 계속해서 흘러나오는데 따뜻하고 맛있는 커피 한 잔을 연상케 했기 때문이다.

맛의 중요성을 부정할 수는 없다. 하지만 사람들이 표현하는 '기대 맛'에만 관심 가질 게 아니라 조리 방식, 조리 과정, 실내 분위기, 서비스, 홍보 등 이 모든 것들이 조화를 이루어 만족스럽게 잘 갖추어져야 하고, 무엇보다 합리적인 가격으로도 충분한 마진을 가져올 수 있는 음식만이 우리가 일반적으로 말하는 맛집의 자격이 될 것이다. 국민 소비자분들에게 이 자리를 빌려 꼭 이 말씀을 드리고 싶다. 세상 어딜 가든 그 나라의 어떤 전통 음식들도 우리 김치 맛보다 못할 것이다. 어느 나라, 어느 지역, 어느 가게의 음식이든 맛있다, 맛없다라고 표현할 수 없다. 그냥 자신들의 입맛과 다를 뿐이라고 생각했으면 좋겠다. 그런데 그 입맛이 '친구 따라 강남 간다'는 식이면 곤란하다고 지적하고 싶다.

'먹튀'를 잡았더니 처벌하겠다고 한다.

주점 매장을 의뢰 받아서 창업을 시키고 한 달가량 주방 교육과 매장 관리 교육을 하는 기간에 벌어진 일이다.

그날은 새벽 장사를 마치고 사장님과 매장에서 술 한잔하기로 했다. 그렇게 영업을 마쳐 종업원들을 다 퇴근시키고 간판을 소등하려는 찰나 대학생으로 보이는 5명의 남자가 매장으로 들어오려 한다. 사장이 오늘 장사는 마쳤다고 하니 간단히 마시고 가겠다며 간곡히 부탁한다. 우리가 술 한잔하는 그 시간만큼이라는 심산으로 손님을 받게 되었다. 그리고 얼마큼의 시간이 지나갔을 무렵, 와이프한테 집에 빨리 오라는 전화를 받은 사장이 급하게 매장 열쇠를 나에게 주며 마무리를 부탁하고는 집으로 먼저 들어간다. 나는 술상을 치우고 손님들이 나가기만을 기다리는데 손님 중 한 분이 나를 부른다. '사장님, 술이 좀 남아서 그러는데 간단하게 먹을 수 있는 안주 하나만 더 만들어 달라'고 요구를 한다. 더 늦어질 것 같아 안 된다고 하고 싶었지만, 추가 술 주문 없는 조건으로 안주를 만들어 주기로 했다. 그리고 주방에 들어가서 안주를 만들고 있는데 갑자기 홀에서 의자 끄는 소리가 크게 나서 내다보니 비틀거리는 한 명의 친구를 다른 한 명이 부축하며 건물 밖에 있는 화장실로 향했다. 난 대수롭지 않게 다시 주방으로 들어왔는데, 그 순간 '우당탕탕'하는 소리가 들렸다. 본능적으로 바로 나가 보니 남아 있는 3명이 매장 문을 박차고 뛰쳐나가는 것이었다.

'먹튀'사건은 어제오늘 일이 아니다. 키오스크의 신용 카드 선불 결제가 아니고 추가 주문이 기대되는 주류 취급 매장들의 후불 결제에서는 자주 발생되는 현상들이다.

주로 어두컴컴한 저녁 시간 때와 술을 마신 경우에 발생을 하는데 결국 알코올의 힘을 빌어 제정신이 아닌 상황에서 벌어지는 경우가 많다. 사실 우리 삶에 술이 공존하는 한 '먹튀'를 완전히 근절시킬 방도는 절대 없다. 더 큰 문제는 소소한 감기 정도의 불편을 넘어 '먹튀'는 삶에 의욕마저 꺾어 놓을 수 있다는 것에 심각성이 있다.

'먹튀'행위가 악질인 것은 몇만 원의 손실만 끼치는 것뿐만이 아니라, 피곤에 찌들린 삶으로 정성을 들인 노동과 서비스 시간들이 인간 같지도 않은 것들에게 사기로 저당 잡혀 비웃음을 당하는 기분들은 오래도록 정신적 충격에서 헤어 나올 수 없게 한다. 이후에도 번거로운 수습 과정을 고민해야 하고 대안 없는 재발 방지를 신경 써야 하며, 두고두고 기억되는 트라우마에 악성 스트레스까지, 파이팅을 주문하는 삶에 갑자기 허탈함과 공허함에 삶 자체가 상쇄되어 버린다. 장사를 계속해야 될지를 고민하게 만든다. 어차피 세상 구석진 어느 곳도 심금을 울려 줄 안식의 공간은 처음부터 기대하지 않고 살아가고들 있지만, 최소한 살고자 하는 의지는 그 어떤 누구도 꺾어서는 안 된다. 장사가 힘들다고 하는 이유가 바로 자신의 의지와 상관없이 그런 불편한 변수를 자주 맞닥뜨리기 때문이다.

앞서 말씀드린 '먹튀'사건의 전말을 이해하면 더욱 그러할 것이다. 30평이 조금 넘는 1층 매장에 오후 4시부터 다음 날 새벽 4시까지 장사하는 술집 주점으로 오픈 날부터 발 디딜 틈 없이 문전성시를 이어 가던 한 달이 다 되어 갈 무렵이었다. 일찍이 살던 집에 도둑이 들어왔을 때, 수백 미터를 쫓아서 도둑을 잡은 경험이 있는 나로서는 그날도 정의감이 불타올라 한 치의 망설임도 없이 가게 문을 바로 걸어 잠그고 도망가는 학생들을 쫓기 시작했다. 뿔뿔이 흩어져 도망간 학생 한 명을 끝까지 쫓아서 결국 격투 끝에 붙잡고 곧바로 지구대 경찰관에게 인계하고서 귀가할 수가 있었다. 시간을 보니 너무 늦은 시간이어서 사장에게는 자고 일어나서 알려야 했다. 그렇게 피곤한 몸으로 집에 들어와 씻고 잠을 청하려는 순간, 지구대에서 전화가 걸려 왔다.

내 신분을 확인한 후 조사 결과와 사건 진행 과정을 설명하기 시작했다. 그 과정에서 깜짝 놀랄 사실을 듣게 됐다. 대학생으로 보이던 학생들이 모두 고등학생들이었다. 그러면서 경찰관이 하는 말은 미성년자에게 술을 팔아서 처벌을 받을 수 있다는 것이다. 더불어 지구대에 잡혀 온 학생의 부모 한 명이 술값을 지불할 테니 합의해 달라고 선처를 위장한 협박까지 했다고 한다. 나의 성격상 그 상황을 타협할 수는 없었다. 그 순간 내가 할 수 있는 말은 사람들이 자고 일어나는 시간보다 조금 늦은 오후 일찍에 실제 사장님과 통화해 보시라고 전달하는 것이 전부였다.

그렇지 않아도 소상공인 자영업자로 살아가려 하면 세금은 기획재정부(국세청), 음악 저작권은 문화 체육 관광부, 상표 등록은 산업 통상 자원부(특허청), 직원 보건증은 보건 복지부, 소방법은 행정 안

전부, 음식 재료 유통 기간은 농림 축산 식품부 등 실질적으로는 정부 대부분의 부처로부터 직간접적인 감시, 관리를 받아야 한다. 이렇게 장사 한번 하려면 이만저만 신경 써야 하는 것들이 한두 가지도 아닌데 늘 이런저런 사건 사고에까지 노출되어 있어 여간 지치는 게 아니다. 가만히 보면 자영업자들은 어떠한 상황에 놓여 있어도 항상 초조해하고 두려워하는 감정으로 사는 것 같다. 툭툭 쳐도 치이고 살아야 하고 집적거려도 벙어리처럼 입을 닫고 피해 다녀야만 하는 신세다. 반면에 이해관계에 있는 상대는 어떤 상황에서도 늘 느긋해했고 배짱을 부리는 듯하다. 그러면 안 되는데 말이다.

그 외

1. 서비스의 이해

예전부터 '손님은 왕이다'라는 의식이 강해서 최고의 서비스는 노동, 친절, 봉사에 비례한다고 생각했었다. 대개의 경우 손님을 위하는 마음이 결국 나 자신을 위한 것으로 이어진다고 생각하지만 막상 장사를 시작하고 세월을 거치면서 반대의 견해로 변하게 된다.

'나 자신을 먼저 위하는 마음이 손님을 위하는 마음이 된다'가 최근 요식업 창업 트렌드가 되어 고객 중심 운영보다 점주 중심 운영 방식으로 자리 잡았다. 매장 운영 시간을 단축하고 브레이크 타임을 만들어 노동 강도를 최소화시켜 육체 피로도를 낮추고, 인터넷상에서 악성 리뷰나 댓글로 조리돌림과 같은 스트레스성 정신 건강에도 각별히 신경을 쓰는 분위기다. 결과론적으로 정해진 시간 안에 최선을 다해 즐겁게 일을 할 때 비로소 다자적 호혜 관계가 형성된다. 팬데믹 사태를 맞으면서 동네 병원들이 예약제로 환자를 받기 시작했고, 예약제 진료는 의사와 환자 모두에게 만족도를 높이는 결과를 가져왔다. '찾고 싶을 때 찾아 주세요'라기보다는 기다릴 필요 없이 '그 시간은 오롯이 당신만의 진료 시간입니다'가 진정한 서비스로 여겨지는 것이다. '저희 식당은 손님들의 쾌적한 환경 조성을 위해 오후 2시부터 4시까지 홀과 주방을 정리 정돈하는 브레이크 타임을 가집니다'라고 위생과 청결을 강조시키고, '신선한 재료로 최상의 음식을 제공하고자 하루 정해진 양만큼만 판매하며 재료가 조기 소진될 시 영업 시간을 단축 운영합니다'라며 퀄리티가 높은 신선한 식재료 음식 서비스까지, 사회 형태학적으로는 사장과 손님 관계에 놓여 있지만 실상은 일찌감치 생태 공동체로 편인한 동지라고 여기게 만들어 친밀한 관계를 담보한다. 예약제와 테이크아웃이 불편할 것 같다 생각했지만 결국은 더욱 편리하다는 것이 증명되었고, 브레이크 타임과 판매량 제한도 '너'를 위하는 마음은 '나'를 위해야 비로소 완성된다고 각인되어 갔다. 심지어 비대면 소비에 대한 고객 선호와 맞물려 24시간 운영되는 로봇 팔과 자판기의 무인 카페들이 성업하는 것도 조금은 불편함을 느낄 만도 하지만 자유로우며 시간에 구애받지 않는 편리함이 더욱 강조되어졌고, 앱과 라이더를 거치는 배달 서비스 시간이 1시간가량으로 예전보다 30분 이상 배달 시간이 늘어났음에도 불구하고 안전하다는 이유로 불평불만 없이 늦은 배송도 당연시하게 되었다. 오프라인 매장 손님들도 맛있는 집을 찾았다는 자신의 선택에 순서만 지켜진다면 얼마든지 기다리겠다는 기대 서비스 심리들이 있다.

앞으로는 고급스러운 인테리어, 저렴한 가격, 최고의 맛을 내는 것과 더불어 깔끔한 복장에 밝은 미소로 자신을 혹사시키는 친절한 응대까지 하면서 모든 서비스에 최선을 다했다며 자구하는 한심한 셀프 위로는 없었으면 한다. 서비스를 제공하는 공간을 고달픈 일터라 생각하고, 매장에서 일하는 시간들을 지겨운 일상으로 여기기 시작했다면 천편일률적인 삶의 이력을 반추하는 자조(自助)가 아닌, 자조(自嘲)의 패배자로 남을 것이다. 서비스의 시작은 자기 자신이 머무는 공간과 시간들을 유희적인 공간과 시간으로 만들어야 한다. 서비스의 진화는 손님의 요구가 아니라, 점주의 자유로움의 표현이다. 점주 스스로가 끊임없이 편리함을 찾도록 갈구해 주길 바란다. 여태껏 요식업 관련 업계 종사자분들이 먹을 만큼의 셀프 찬통, 휴지 없는 화장실, 셀프 주문 기기(키오스크) 등등 소소하지만 수많은 것들에서 불편과 편리를 편 갈라놓고자 부단히 노력하고 연구해 왔다. 미래의 진정한 서비스의 과제도 점주의 절대 우위론 관계 강화가 가장 중요한 포인트가 될 것으로 보인다.

2. 음식의 이해

요식업 창업을 준비하시는 분들 대부분은 창업 결심 전에 업종과 취급 품목을 결정해 두거나, 프랜차이즈와 혼자 창업 중 하나를 미리 염두에 두고 창업 준비를 한다. 그리고 혼자 창업으로 가닥을 잡으면 장사를 위한 매장 이곳저곳을 임장하고 최종 선택 후 장사를 시작하게 되는 것이 일반적인 창업 순서가 될 것이다. 이제부터는 예비 창업자들이 창업을 준비하는 과정 중 황망해서 지각하지 못하는 음식에 관한 다채로운 추론들이 얼마나 어리석은지 몇 가지 질문 형식으로 지적해 드리니, 질문에 답은 스스로들 찾길 바란다.

첫 번째, 왜 점포 계약을 할 때 사람들이 많이 다니는 목 좋은 장소만을 고집할까? 사고의 마비로 인해서 정작 중요한 부분을 놓치고 있지는 않을까? 저렴한 음식을 판매한다고 가정해 보자. 식재료 구입 단가를 긴축해야 되는 상황에서 매장 주변 가까운 곳에 야채를 구입할 수 있는 시장이 있는지, 규모가 있는 정육 도매점은 있는지, 공산품 구입을 위한 대형 마트도 있는지를 왜 궁금해하지 않을까? 업종과 취급 품목, 음식 단가 등을 면밀히 검토해서 셀프 구매, 배달 구매, 대행 구매 중 올바른 식재료 구입 방식에 대한 예비 창업자분들의 생각들이 궁금하다. 유동 인구가 많아서 매출이 높을 것 같은 장소의 개념만 초점을 맞추지 말고, 각종 식자재 구입도 용이한 상권인지까지 함께 고민하면서 점포를 임장하는지도 궁금하다는 것이다. 재래시장 내에서 장사하는 것이 좋은 예시가 되지 않을까 한다.

두 번째, 식재료(공산품)를 구입할 때 품목만 메모하고 제품 브랜드와 구입량을 왜 함께 메모해서 구입하지 않는가? 같은 '진간장'끼리도 브랜드마다 맛이 다 다르고 같은 소고기 다시다도 브랜드마다 맛이 다 다르다. 모든 공산품에는 재료들마다 다양한 맛을 내는 차별화된 브랜드들이 즐비한데, 왜 브랜드 각각의 맛을 이해하지도, 알려고도 하지 않는가? 그래서 오늘도 여전히 뚫어지게 '업소용' 그 세 글자가 적힌 제품만을 찾아 헤매고 있지는 않는가? 원하는 제품이 품절이어서 다른 브랜드 제품을 구입해 사용하는 습관이면, 음식 맛이 들쭉날쭉 일관성이 없어 단골손님을 기대하기 어렵고 그저 그런 식당이 될 수밖에 없을 것이다.

세 번째, 신선한 재료만이 음식 맛을 낼 수 있다는 고정 관념이 있는 것 같다. 틀린 말은 아니다. 단지 비싸게 줘야 구입이 가능하다는 것이 문제이다. 하지만 신선도가 떨어져도 재료 손질과 보관만 잘하면 최고의 맛을 낼 수가 있다는 것도 알아야 한다. 낙지 볶음에 들어가는 냉동 낙지도 밀가루와 소금으로 손질하면 신선한 낙지로 탈바꿈되어 최고의 낙지 볶음 요리가 될 수 있으며, 고기의 핏물을 오래도록 물에 담그고 여러 번 깨끗이 씻고 헹구기를 반복하여 국물의 잡내를 잡으면 최고의 탕, 국, 찌개를 만들 수가 있다. 비린 맛을 잡기 위해서 생선에 묻어 있는 피를 아주 깨끗이 씻는 손질들이 그 어떤 원재료 자체의 신선함보다 더욱 중요하다는 뜻이다. 재료의 특성을 잘 파악하고 있는지? 직접 식재료를 각별히 신경 써서 손질을 하고 있는지? 지각 능력에 답할 수 있어야 한다.

이렇게 만들어진 음식이 손님 테이블에 제공되기까지 어떤 재료의 식품을 어느 곳에서 구입하여 어떻게 손질한 후 요리될 것인지, 가볍게 생각해서는 곤란하다. 지금껏 요리하는 과정과 방식만이 중요하게 부각되었지만, 실질적인 성공 창업을 위해서는 앞서 설명한 이 세 가지가 신규 창업을 시작함에 있어 또 다른 단초가 될 수 있지는 않을까 생각해 봄직하다.

3. 요리 과정의 여러 방식

어릴 적 중국집에서 먹던 자장면이 외식의 전부였던 시절에는 집 앞 동네 정육점에서 꼬깃꼬깃 접힌 신문지에 살포시 포장된 소고기로 만든 탕반이 최고의 가정식 밥상이었고, 가끔씩 아버지가 퇴근길에 술이라도 한잔하신 날이면 누런 종이봉투에 넣어진 프라이드치킨 한 마리가 유일한 끼니 외 먹거리 음식이었다. 오랜 기간 '끼니'라는 것이 어머니의 음식 재료 손질부터 조리까지 오롯이 노동의 대가에서 얻어졌음을 잘 알고 있다. 오늘날 반조리나 데우기만으로도 완성되는 간편식들이 당시에는 언감생심 꿈도 꾸지 못했을 것이다. 당시에는 대도시 지척에도 논과 밭, 과수원들이 어김없이 자리 잡고 있어 신선한 재료를 손쉽게 구매 가능했지만, 의식의 변화와 다양성을 습관적으로 부정하는 사회 현상들이 음식 문화 발전을 더뎌지게 하는 요인이 되기도 했다. 그러다가 언제부터인가 국이나 찌개, 볶음, 무침, 전, 찬 등 조리된 요리들을 전문 매장에서 구입할 수 있게 되어, 가정에서는 밥이나 면 삶는 정도의 간편한 식사 준비만으로도 푸짐한 한 끼를 해결할 수 있게 됐다. 최근 들어서는 더 다양해지고 풍성해진 식재료들로 상상조차 할 수 없는 간편식들이 꾸준히 연구, 개발되어져 앞으로를 더 기대하게 만들고, 해외 음식과 퓨전 음식까지 넘쳐 나는 음식 홍수 속에서 폭넓은 선택을 할 수 있는 행복한 시대에 살아가고 있다. 또한, 가정과 식당에서만 먹던 음식들을 테이크아웃하여 특정된 장소가 아닌 자유로운 장소에서 음식 섭취가 가능해졌으며, 장소 불문하고 스마트폰만 있으면 어느 곳에서든 앱으로 음식을 주문하고 배달시키는 방식까지 다양성과 편리함의 상상들은 이제 현실로 진화하는 현재 진행형이다.

결국 점차적으로 가사 노동이 줄기 시작하면서 그 역할이 자영업자로 대체되어 가고 그로 인해 지속적으로 많은 소상공인들의 수요를 안내하고 소환시켜 오고 있다. 그러다 보니 지금은 비만해질 대로 비만해져 버린 외식업 시장이 상생에서 경쟁으로, 협력이 전쟁으로 변해 치열한 생존 게임에 놓여져 있지만, 그것이 소상공인만의 문제가 아니라 최종적으로는 소비자에게 피해가 고스란히 전가된다는 게 문제가 된다.

오래전에 부부 둘이서 배달 위주의 치킨 가게를 운영할 때는 식자재 거래처만 알아도 일에 있어서 일체 다른 외부 사람을 만날 일이 전무했지만, 지금은 업체의 여러 렌탈 직원, 마트 직원, 음료·주류 직원, 배달 앱, 배달 라이더까지 만나야 할 사람이 너무나 많다. 심지어 '을'의 위치에서 리뷰나 댓글로 수많은 일반 소비자 모두를 필연적으로 일일이 응대하고 만나야 하는 상황까지 벌어져 점점 작위와 작태로 불량스러워지는 자신을 느낀다. 쉽지 않은 외식 창업을 준비하면서 오만 가지가 머릿속을 한 번 훑고 지나갔지만 어차피 심적 격랑 속에 던져져 맞닥뜨리게 된다.

조화로운 노동 시간과 불필요한 대인 관계를 최대한 줄이면서 마진율을 극대화할 수 있는 묘책과 연관성이 있는 조리 방식의 구성에 대해서 한번 살펴보자.

외식 창업에서 조리 방식의 범위와 그에 따른 적합도를 알아보고 그 속에서 자신이 직접 감당해야 할 영역을 설정해야 한다. 지나치게 긴축 경영으로 과도한 노동에 노출되어도 안 되고, 직원들의 역할에 의존하는 경영 태만은 절대로 있어서는 안 된다. 이와 같이 어떤 요식업을 창업하든 근무 환경들이 효율적인 경영 방식으로 잘 조화를 이뤄야 하므로, 음식의 종류에 따라 세 가지로 구분되는 음식 조리 방식을 먼저 이해할 필요가 있다. 첫 번째는 '슬로푸드'방식이다. 야채, 해물, 고기, 과일 등 모든 원재료를 직접 구입해서 재료 손질부터 요리까지 옛날 방식처럼 모든 것을 스스로 준비하고 만들어 손님상에 올리는 경우이고, 두 번째는 슬로턴트(슬로푸드와 인스턴트식품의 합성어)로 밥, 국, 찌개, 볶음, 무침, 튀김, 찜 등 음식 식단 전체 중에 일부 요리는 직접 손질한 요리로 구성하고 일부 나머지 음식은 미리 만들어진 요리나 기성 식품 회사의 완성된 음식을 사용하는 경우를 일컫는다. 마지막은 간편식이라 부르는 인스턴트식품과 패스트푸드와 같이 바로 먹을 수 있는 즉석요리다. 최근 슬로턴트로 오인하는 '밀키트' 또한, 즉석 간편 음식이라고 하지만 실제로는 냉동 음식 및 냉동 재료와 같은 인스턴트식품이나 패스트푸드 음식과 유사한 또 다른 표현이다. 이 세 가지를 좀 더 쉽게 단순하게 표현하자면 전부 요리, 반만 요리, 다 된 요리라고 설명된다. 이런 단계의 음식을 떡볶이 전문점에 적용해서 예를 들어 보면 이해가 더더욱 쉬울 것이다. 첫 번째 가게는 직접 떡도 뽑아내고 여러 재료와 양념을 믹스, 가공해서 양념소스를 만들고, 자연 원재료를 넣어 끓인 육수로 떡볶이를 만든다. 두 번째 가게에서는 떡은 식자재 마트에서 구입하고 식품 제조 회사 제품의 기본 양념장에 연구 개발한 추가 양념을 첨가하여 양념소스를 만들고 각종 원재료를 넣어 직접 만든 육수로 떡볶이를 만든다. 마지막 세 번째 가게는 떡은 식자재 마트에 구입하고 양념장과 육수, 그 외 일체의 재료를 제조 회사에서 구입해 말 그대로 물만 붓고 끓이기만 하면 되는 경우이다. 앞서 가사 노동이 세월만큼이나 줄어든다는 말씀을 드렸다. 그러면서 그 역할을 자연스레 자영업자들이 대신하고 있다. 그런데 이제는 그 자영업자들도 외부 요인으로 인해 힘에 부쳐서인지 손익 계산을 따지게 되고 점점 음식 조리 방식의 많은 부분을 식품 회사에 전가하는 실정이다. 많은 예비 창업자들이 프랜차이즈를 선택하는 이유이기도 하다.

최근 그렇게 음식점으로 판매되는 식품 회사 제품들은 회사 자체적으로 꾸준히 연구 개발 투자한 산물로 재료들의 퀄리티도 상당히 높아졌고 맛에 있어서 유명 음식점과 견주어도 부족함이 없을 정도로 뛰어난 맛을 내고 있다. 식재료를 직접 구입하는 비용보다 오히려 저렴하다는 장점과 음식 준비에 투입되는 인건비까지 고려해 볼 때, 식품 회사의 선택 여하에 따라 제품 구매 영업은 의심의 여지 없이 많이들 선호하는 추세이다.

이처럼, 재료 구입과 손질에 연관이 있는 세 가지 조리 방식을 간추려 보자면, 첫째, 슬로푸드는 옛날 가정식처럼 음식에 많은 노동과 시간이 요구되지만 요리사의 특성을 살려 다양한 맛을 연출할 수가 있다. 둘째, 슬로턴트는 적당한 노동과 시간은 요구되지만, 음식의 차별화를 도모할 수가 있다. 마지막 셋째는 인스턴트식품이나 패스트푸드로 간편한 조리로 판매되거나 완제품 음식을 판매, 대행하는 경우다. 노동 시간이 현저히 줄어들고 힘을 많이 들이지 않고도 조리할 수 있지만, 신선도와 천편일률적인 맛은 보완하기 어려워 보인다. 간편식인 밀키트도 여기에 포함된다고 볼 수 있는데, 염려스러운 건 밀키트의 성장은 소상공인 자영업자와 동행할 수가 없다. 패스트푸드 형태라면 몰라도 일반적으로 인스턴트식품 같은 밀키트는 큰 식품 회사가 직접 만들어 배달 판매하는 방식(B2C)의 운영이 많아서 오히려 소상공인 자영업자 입장에서는 그렇게 달갑지 만은 않으며 강력한 경쟁 업체로만 인식되어져 가고 있다. 그런 이유에서 최근 소상공인 매장 장사도 슬로턴트 방식으로 많이 탈바꿈되어 밀키트 방식의 대항마로 급속히 자리 잡아가고 있다.

작은 매장에서의 혼자 개인 창업을 선택했다면 김치를 직접 담글지 아니면, 구입해서 사용할지처럼 어느 정도 수준의 수고스러움을 선택할 것인가를 잘 결정해야 한다. 음식 재료 본연의 특징과 맛, 향, 영양소를 잘 파악해야 비로소 조리 방식의 선택이 고객의 요구를 완벽히 녹여낼 수 있음을 꼭 명심해야 한다. 지나치리만큼은 아니더라도 우려를 기우라고 생각하고 가볍게 여겨서는 안 되는 것이 요식업계이다. 또한, 음식을 만든다는 개념과 음식을 팔겠다는 개념의 이해는 지향점부터가 다를 수 있으니, '음식을 팔겠다'가 아니라 '음식을 만든다'로 시작해야 그것이 장사다. '음식을 팔겠다'는 돈이 우선시되지만, '음식을 만든다'는 음식이 먼저라고 강조되기 때문이다. 그래서 음식은 만들어 팔아야 하지, 팔기 위해서 음식을 만든다고 시작하면 곤란하다. 예외인 경우로 인스턴트식품과 패스트푸드, 밀키트는 또 다른 개념으로 음식을 만든다기보다 가공한다는 표현이 적합한 방식이지 않을까 싶다. 오랜 시간 숙련된 전문 요리사가 아니라면 혼자서 조급하게 생각하지 말고 식품 회사나 전문가의 도움을 받아서 음식들을 만들어 보고 차근차근 준비하는 것이 바람직하다. 식재료를 어디서 구입하고 그 구입한 재료의 손질을 얼마나 깨끗하고 깔끔하게 할 것이며, 숙고한 조리 방식과 단계를 잘 조화시켜 부족함이 없는 최상의 서비스로 손님을 대할 때, 그 선택 여하에 따라 손님들은 배신 없이 장복할 수 있을 것이다.

5장
여론과 제도

FLOWER SHOP
FRUIT STORE
SHOES STORE
TOY SHOP
MARINE PRODUCT MARKET

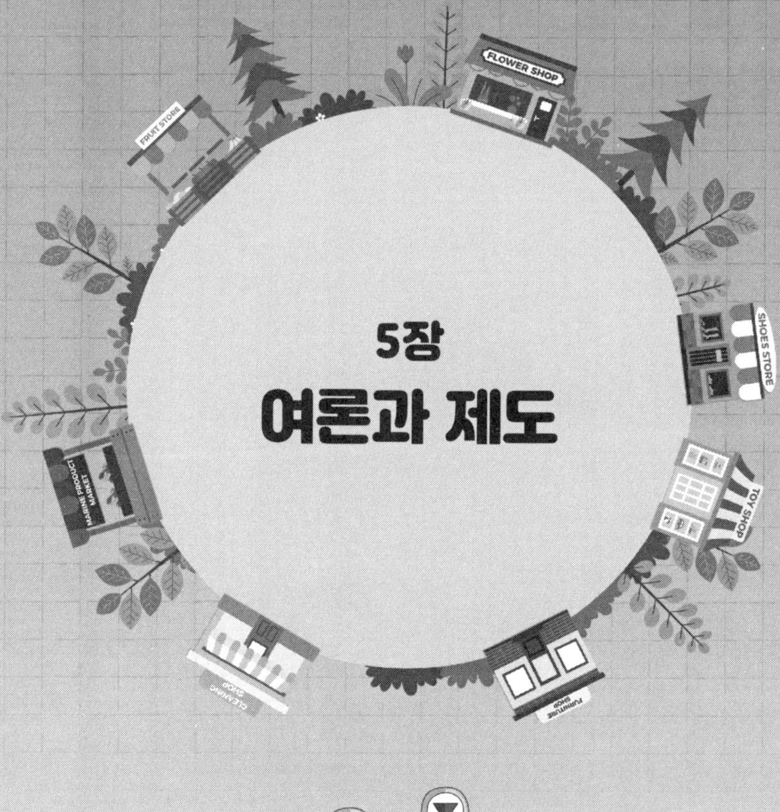

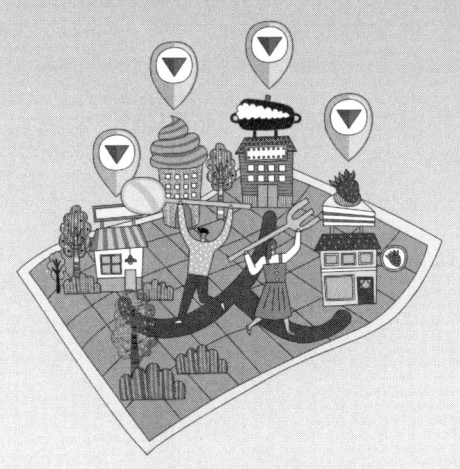

TV 맛집
촬영의 실체

평소에 잘 알고 지내는 음식점(한식 뷔페) 사장님으로부터 한 통의 전화가 걸려 왔다. 내일이나 모레 중 점심시간에 특별한 약속이 없으면 주변 지인들과 같이 자신의 가게에 들러 무료로 식사하고 가라는 전화였다. 무슨 이유라도 있느냐고 물어보니 이틀 동안 지상파 방송국에서 '맛집' 촬영을 한다는 것이었다. 자리도 좀 채워 주고 인터뷰도 좀 해 주면 좋겠다는 말도 함께 덧붙였다. 사실 40여 가지 메뉴의 한식 뷔페를 7,000원에 맛볼 수 있는 착한 가격의 식당이지만, 평소 손님이 그다지 많지가 않았다. 어찌 되었든 잘 아는 처지라 외면을 할 수가 없어서 자리만 채워 드리겠다는 약속을 하고 촬영 이틀째 되는 날 지인들과 함께 점심시간에 맞춰 식사하러 갔다.

생각했던 대로 손님은 별로 없었다. 그런 이유에서일까? 방송국 PD라고 소개하는 분이 우리 일행에게 인터뷰를 계속 요청했다. 사장님의 체면을 봐서 어쩔 수 없이 일행 중 한 명이 식사 도중 인터뷰를 하고서야 식사를 마무리하고 자리에서 일어날 수가 있었다.

현대를 살아가다 보면 형태만 달리할 뿐 여론에 농락당한다는 기분을 지울 수 없을 때가 많다. 그중 여론 형성에 미디어가 끼치는 영향은 타이어에 박힌 돌멩이처럼 깊이에 따라 수명을 다할 때까지 빠져나오지 못하는 맹신파와 도중에 빠져나와 대항하는 불신파가 있을 것이다. 그런 점에서 대부분은 TV 방송의 공신력을 맹신한다. 그렇게 TV가 대표적인 미디어라는 점을 감안할 때, 국민 정서에도 지대한 영향을 줄 수 있다는 점에서 더욱 무한 책임을 가지며 방송을 기획해야 된다고 생각한다.

한식 뷔페 사례처럼 아주 오래전에도 같은 이유로 촬영 날에 친구의 족발 가게에 방문한 적이 있다. 당시에도 다른 지상파 방송국에서 인터넷에 떠도는 소문만 듣고 매장 사전 답사 후, 바로 녹화 촬영한 걸로 기억한다. 족발 가게와 한식 뷔페 촬영의 다른 점을 찾아본다면, 족발 가게 촬영 담당 PD는 방송국 정직원이었고 한식 뷔페 촬영 담당 PD는 방송국에서 외주를 받은 업체의 소속 PD라는 점이다. 책임감의 무게와 공정에 대한 감시가 심해지는 시대적 변화에 방송국은 전문성을 운운하지만 실제로는 외주 업체에 책임적 역할을 분산시키기 위함은 아닌지 의심이 간다. 그렇게 책임 전가라는 패착의 원인의 부산물로 장사가 너무 안되고 적자가 가중되어 일찌감치 매도하기 위해 가게를 내놓은 한식 뷔페 식당을 지상파 방송국에서 TV 방영을 위해 촬영했다는 점이 언뜻 이해가 가지는 않지만, 내막을 잘 알지 못하는 방송국 입장에서는 다양한 음식을 한 번에 저렴한 가격으로 맛볼 수 있는 식당만큼 확실한 방송 소재도 없었을 터이다. 게다가 장사가 지지리도 안된다고 소문난 가게의 사장 입장에서도 그런 상황이 기회라고 생각 못 하는 머저리는 또 어디 있겠는가? 이해관계가 맞은 사장 입장에서 방송국의 연락이 '얼씨구나'였지 않았을까?

나는 그런 식당을 소개하는 TV 프로그램을 볼 때면, 맛 평가를 위해 인터뷰하는 손님들이 왜 하나같이 식당 사장님과 비슷한 연령대의 사람들인지 재미 삼아 눈여겨보는 습관이 생겼다. 다시 말해 젊은 층이 좋아할 만한 메뉴의 음식임에도 60대로 보이는 손님이 너무 맛있다고 인터뷰한다면 십중팔구 식당 사장님 나이도 60대라는 사실이다. 아무튼 방송국의 스토리텔링을 모르는 바는 아니지만, 아기가 낙서장에 낙서한 걸 가지고 부모가 미술관 작품이라고 우기는 것과 별반 다를 것이 없지 않는가? 그것을 묵인하고 심지어 동조를 하거나, 돈 받고 방송하는 것이 아니라며 대충하는 촬영은 절대 상상할 수 없다. 창업 상담을 통해 얻은 교훈이 있다면 예비 창업자로 하여금 그런 방송의 정보는 결국 다분히 플라시보 효과일 확률이 농후하다.

그 이후로 그 한식 뷔페 식당은 어떻게 되었냐고? 방송에 나간 이후 몇 달도 안 가 손 바뀜도 아닌 그냥 폐업했다. 40여 가지 음식을 7,000원에 팔아도 많이 팔면 남는 장사이겠거니 할 것이다. 그러나 80평 남짓한 매장에 사장 내외와 조선족 주방 아주머니, 홀 종업원 2명과 파트타임 아르바이트 외국인 유학생 1명이 최선을 다해 열심히 노력해 보았지만 끝끝내 정리의 수순을 밟을 수밖에 없었다. 내부적인 요인도 있었지만, 주변 대형 식당 개업 등의 외부적인 요인도 적지 않게 작용한 폐업이었다.

 맛, 분위기, 가격, 편의성 등 각각의 이유로 방송에 소개된 모든 식당들은 방송국의 취재 목적과 다를 수 있고 보이는 것들이 전부가 아니라는 사실을 꼭 명심하길 바란다. 아울러 함께 출연한 수많은 셰프의 전문성도 지나치게 맹신해서는 안 된다. 덤비듯이 가르치려 들면 그다지 배울 것도 없다. 방송이 궁금한 것을 보여 주고, 교육을 하고, 깨달음을 주기도 하지만 가끔은 방송국의 저의에 의심을 품게 할 때도 수없이 봐 오지 않았었나?

 방송국의 방송 의도와 예비 창업자의 시청 의도는 서로 다른 곳을 향해 있음을 알아야 한다.

상표 등록 직접 해도 쉽게 받을 수가 있다?

대전, 서울 특허청 사무소 외에 지자체마다 별도의 특허 관련 무료 상담을 해 주는 도시들이 많이 있다. 나도 상표 등록과 특허·실용신안 문의로 자주 들락날락했다. 그런데 1년씩 기다려야 하는 심사기간 때문에 한 번의 거절로 사업 진행에 지장을 줄 수 있어서 상담사들의 상담은 신중하고 정확해야 하지만, 방문한 기관에 상주한 상담사(변리사)분들이 자주 바뀌어 원활한 상담을 받을 수가 없었으며 대부분은 변리사 자격증을 갓 취득한 경험이 적은 변리사들이 많았다. 그로 인해 어느 순간부터는 상담 대상의 입장이 뒤바뀌어 내 경험을 교육해 주는 경우도 부지기수였다. 얼마 전, 국회의원을 지낸 변호사 친구에게 상표 등록에 관한 상담을 해 준 적이 있다. 아마 친구도 20년의 경험을 듣기 위함이었을 것이다. 하지만 상표 등록에 관련된 상담을 하다 보면 명확한 정답을 내놓기가 어렵다. 쉽게 말해서 '정답은 없다'가 정답이다. 심지어 상표 '등록'을 결정한 심사관조차 100% 확신의 답을 내릴 수가 없다. 상표 등록을 비롯한 특허·실용신안 관련 일로 특허청의 심사 결과에 불복하여 소송을 제기하는 경우가 많기 때문이다.

혼자 창업 비용으로 최소 수천에서 수억을 들여 장사를 시작하면서도 소액의 비용이 들어가는 도메인과 상표 등록을 대수롭지 않게 생각하는 경우가 있다. 특히나 상표 등록을 묵과했다가 금전적 손실은 물론 법적인 책임까지 져야 하는 힘든 상황에 직면할 수 있음을 알아야 한다.

오랜 경험이 낭중지추가 되어 동종 업계 사장님들과 예비 창업자에게 상표 등록 무료 상담을 해 드리기 시작하면서 '100%의 확신을 주면 사기꾼이고, 100%에 근접할 수 있는 상담이 정의'라 말하곤 했다. 상표 등록이라는 것이 상표 등록 이후에도 유사 상표나 디자인으로 분쟁의 소지가 충분히 발생할 수가 있고 재판으로 가는 경우도 많이 있기 때문이다.

일반적으로 상표 등록 확률을 높이고자 변리사를 통해 상표나 특허 신청을 하는 것이 보편적 방법이겠지만, 누구도 상표 등록 결정을 확신할 수 없는 상황이라면 간절한 당사자가 스스로 문제를 해결하는 것이 가장 현명한 방법이라 생각한다. 최근 들어 '로코노미(동네 경제)'라 하여 지역 이름을 상호로 쓰는 경우처럼 만약 상표 등록을 하지 않겠다면 그렇게 누구나 사용 가능한 상호를 찾아 사용하는 것이 좋다.

최근 들어 상표 등록 신청이 부쩍 많이 늘어났다. 상표 등록 심사 기간이 1년 이상 걸리는 만큼 원론적인 상표 신청 절차나 방법보다 상표 등록을 받게끔 몇 가지 참고될 만한 정보를 제공하고자 하며, 극히 개인적인 생각임을 미리 말씀드린다.

첫째, 명사를 사용하겠다면 명사 상호 앞이나 중간, 혹은 뒤에 로고, 문양, 창작 캐릭터를 디자인해 결합해서 함께 신청을 하라.

둘째, 시간이 지날수록 도메인이나 상표 등록이 급속도로 많아져 상표 거절 확률이 해마다 늘고 있다. 몇 년 전만 해도 상호, 상표명 글자 수가 7글자 정도 되어야 안전하다고 보았지만 앞으로는 글자 수가 많을수록 등록 확률이 높아질 것이다.

셋째, 최근에는 상표 등록 기간이 1년 이상으로 다시 길어졌다. 빠른 심사 절차도 있긴 하지만 기본적으로는 신청자 입장에서 너무 긴 시간이며, 거절의 결과가 나오기라도 하면 또 1년이고 2년이고 얼마나 더 오랜 시간이 걸릴 지 장담할 수가 없게 된다. 그래서 처음 상표 등록 신청할 때, 2~3가지 여러 개를 한꺼번에 신청하면 1년 안에 상표 등록을 하나라도 받게 될 확률이 높아진다.

그 밖에도 개인적으로 아주 높은 확률의 상표 등록 꿀팁(Tip)은 별도의 공간에서 추가로 설명을 하겠다. 서두에서 말했지만, 상표 등록은 정답도 없고 분쟁도 많다. 그런 만큼 이 시대를 살아가면서 지식(지적) 재산권의 중요성은 날로 높아지고 있다. 변리사를 통하든 특허청에 자문을 구하든 직접 발품을 팔든 도메인과 함께 상표 등록을 꼭 한 번쯤 고민해 보고 창업 준비를 하길 바란다. 아울러 결코 어렵지 않은 절차와 비용, 시간 등을 고려해 볼 때 직접 상표 등록하는 것을 적극 권장하고 싶다.

종업원들은 노동청에 든든한 뒷배가 있다?

20대 처음으로 가게 운영을 경험할 때이다.

여느 때와 같이 잠에서 깨어나 깨끗이 씻고서 장사 준비를 위해 시장 갈 준비를 했다. 그날도 집을 나서면서 전날 주문한 내역과 구매할 식재료를 확인하기 위해 핸드폰을 보는 순간 오전에 여러 차례 부재중 전화가 걸려온 것을 확인하게 됐다. 무슨 일인가 하고 부재중 번호로 전화를 걸었다. 전화가 걸려온 곳은 바로 노동청이었고, 한참 동안 여러 내선 안내를 거쳐 전화를 걸어온 담당자와 간신히 통화를 할 수가 있었다. 내용인즉, 보름 전에 사장님이 운영하시는 가게에 ○○○라는 아르바이트생이 일을 했냐고 묻고는 그 여학생이 사장님을 임금 체불로 노동청에 고발했다고 했다. 그 말을 듣는 순간 어떤 상황인지 바로 짐작할 수가 있었다. 곧이어 한참을 세 치 혀로 기계음 같은 매뉴얼을 읊기 시작했다. 익숙지 못한 글귀들이 답답한 심정과 맞물려 내가 침묵으로 시위하듯 하자, 답답했었는지 빠른 시일에 노동청으로 나오라는 말로 급히 마무리했다.

어처구니가 없는 상황과 냉혹한 현실 앞에 청춘의 의지가 빈약하다 못해 무기력하게 느껴진 순간이었다.

20대, 대학교를 휴학하고 두 명의 친구와 함께 장사(생맥주 전문점)를 시작할 때 일이다. 작은 가게여서 두 명이서 번갈아 가며 격일로 운영하기에 큰 무리가 없었다. 하지만, 당시 서로 사회 경험을 한다는 생각으로 시작한 장사였고 각자에게는 국가 고시라는 또 다른 미래 설계를 위한 공부도 병행하고 있었다. 그렇게 몇 개월이 지났을까, 손님들이 많아지고 장사도 잘될 무렵 시험 일자는 다가오고 공부에 더 집중해야 할 상황이 닥쳤다. 친구들과 상의를 거듭하여 시험 일자에 여유가 있는 내가 아르바이트생을 고용해 당분간 혼자 운영하기로 했다. 마침 가끔씩 가게 문 열자마자 아르바이트를 구하지 않느냐며, 구하게 되면 자신을 고용해 달라며 연락처를 주고 간 고3 여학생이 있어서 우리는 그 학생에게 연락해 부모님의 동의하에 아르바이트를 시키기로 했다. 그렇게 아르바이트생을 고용해 장사를 이어 갔다. 여느 학생들처럼 근무 중에 TV도 보고 음악도 듣고 친구들과 휴대폰으로 전화나 문자하길 좋아해서 영업에 지장도 있고 여간 불편한 게 아니었다. 한편으로 저 나이 때는 다 저렇겠지 하고 큰 기대 없이 이해하려 노력하면서 하루하루가 지나갔다. 그렇게 한 달이 흐르고 3일째가 되는 날, 아르바이트생이 무단결근을 하게 됐다. 무슨 영문인가 싶어 연락을 해 보았지만 전화를 계속 받지 않았다. 아르바이트 한 달하고 다음 날 한 달 치 월급을 지급한 뒤 3일째 되는 날이었다. 그날은 아르바이트생에게 무슨 큰일이라도 생긴 건 아닌지 걱정을 하면서 친구들도 없이 혼자서 힘들게 장사를 마무리했다. 다음 날 아르바이트생에게 또다시 전화를 걸어 보고 집에도 연락을 해 보았지만 연락이 되지 않았고, 그날도 염려한 대로 출근을 하지 않았다. 당분간 친구들도 없이 혼자서 가게를 운영해야 하는 상황에 놓이게 되었고 그 여파로 인해 엉망진창이 되어 버린 서비스로 피해는 고스란히 손님에게 전가되는 상황까지 가게 되었다. 결국 무단결근 3일째 되는 날 다시 올 거라는 기대를 접고 새로운 아르바이트생을 구할 때까지 가게 문을 며칠 닫기로 했다. 그리고 일주일이 다 되어서야 힘들게 아르바이트생을 구할 수 있었고 비로소 다시 문을 열 수가 있었다. 그렇게 다시 시작한 장사, 일주일쯤 지났을까? 느닷없이 노동청에서 전화가 걸려 왔다. 이유 없는 무단결근으로 물질적, 정신적 손해를 끼친 그 여고생이 이틀 치 인건비를 받지 못했다며 노동청에 신고를 했다는 것이다.

한 차례 통화를 거쳐 노동청을 찾아가 담당자를 만나 팩트 체크를 하면서 우리의 억울한 입장도 같이 호소해 보았지만, 한낱 넋두리와 요설 정도로 치부해 버리는 듯한 태도들로 노동법에 적시된 매뉴얼을 원론적인 말로 교육하듯이 읽어 내려가며 강압적으로 나를 죄인 취급하듯 했다. 그리고 이틀 치 인건비를 줄 건지 말 건지만 앵무새처럼 주절주절하며 스킬이 모자라는 나를 굴복시키려 들었다. 최근 들어 대응 방식들이 많이 개선되었다고는 하지만 당시만 해도 어린 마음에 겁도 나고 너무 무서웠었다. 지금 생각해 보면 당시 나의 억울한 심정과 상처 입은 영혼을 조금이라도 위로받고 싶은 심정도 있었을 터인데, 막무가내로 인건비를 줄 건지만 물어 오는 것이 잔인하리만큼 미웠고 무서웠던 것 같다. 동시에 그 아르바이트생에게는 말로 형용할 수 없을 정도로 화가 머리끝까지 치밀어 올랐지만, 그것도 지금 생각해 보면 아무 일도 아닌 걸로 괜히 화내고 속상해하며 힘들어했었던 것 같기도 하다. 아무 말도 없이 결근한 것도 팩트지만, 이틀 더 일한 것 또한 팩트이니 말이다.

우리는 종업원을 구할 때 '갑'의 개념에서 면접을 통해 신중히 종업원 '을'을 고용한다고 생각한다. 꼭 명심해야 할 것이 종업원을 고용하는 순간 '갑', '을'개념이 뒤바뀌게 됨을 항상 염두해 둬야 한다.

모든 일에는 우선순위라는 것이 있다. 장사가 잘되어 매출이 올라와야지만 종업원도 지속적으로 고용할 수가 있다. 종업원은 말 그대로 종업원이기만 하다. 정해진 시간에 일하고 일한 만큼 임금을 받으면 가게 장사가 잘되고 안되고는 그다지 신경 쓰지 않는 것이 일반적이다. 아니 장사가 잘되어 육체적으로 힘들어지면 오히려 더 일하기 싫어질 것이라는 의심도 해 본다. 그런 이유에서 장사가 잘되는 가게 사장님들 보고는 '아마 저 사장의 피는 파란색일 거야'라는 우스갯소리들을 하는데, 감성도 없고 냉정하며 차갑고 이기적이기 때문이다. 최근 가끔씩 위생과 관련된 사진과 동영상을 촬영해서 소상공인들에게 협박과 피해로 상식적인 분노를 유발시키는 못돼 먹은 종업원들의 배신을 볼 때면 씁쓸한 생각이 든다. 신뢰의 경계가 일방적인 호의에서 비롯된다면 매출이 그다지 희망적이지 못하게 되므로 고민이 더 깊어질 수밖에 없다. 그렇다면 종업원과의 신뢰는 과연 무엇일까? 근로 계약서대로 이행 원칙이 신뢰일까? 아니면 사회 통념상 정(情)이 추가되어야 신뢰가 될까? 분명히 해 둘 것은 물질적인 대가(임금)를 육체적인 대가(노동)보다 수평적이거나 조금 높게 잡아 줘야 하고 그런 전제에서 종업원과의 관계는 상호 의존적이어야 한다.

생뚱맞게 언론사에서
우수 기업 대상을 준다나?

창업 컨설팅 회사를 운영할 때 신문사에서 한 통의 전화가 온다.

필자: 여보세요.

신문사: 아, 네. 여기 ○○신문사입니다. SD창업 대표님 되시죠?

필자: 네, 그런데 무슨 일이시죠

신문사: 저희 신문사에서 창업 관련 회사를 심사해 우수한 업체에게 연말에 시상을 하는데 사장님 회사가 선정되어 연락드립니다.

필자: 무슨 말씀인지 잘 모르겠는데, 저희 회사를 아시나요?

신문사: (얼버무리며) 아… 네……. 저희 ○○신문사 잘 아시죠.

필자: 네, 압니다.

신문사: 저희가 해마다 우수한 회사를 선정해서 인증 상패와 함께 방문 취재 후 우수 기업으로 신문에 게재해 주고 있습니다.

필자: 아니, 아무런 조건 없이 그냥 그렇게 상(賞)도 주고 신문에 실어 준다는 말씀 입니까?

신문사: 아, 네. 특별히 조건은 따로 없습니다. 하지만 취재하러 갈 때 필름 값 300만 원 정도만 들어갑니다. 사진과 영상을 촬영해야 해서 최소한의 경비는 받습니다. 사장님 회사가 아니라도 많은 업체에서 이 상(賞)을 받고 싶어 하니 결정을 빨리하셔야 할 겁니다.

필자: 아, 무슨 말씀인지 잘 알겠습니다. 생각해 보고 이 번호로 연락드리겠습니다.

전화를 끊고 결정하는 데 그리 오랜 시간이 걸리지 않았다. 창업 관련 업을 해 오면서 가장 힘들었던 부분이 담보되지 않는 확신을 심어 주는 것이었다. 때론 솔직한 상담들로 예비 창업자들을 실기하게 만드는 일이 종종 발생하기도 했다. 돈보다 양심을 선택한 결과여서 예상 못한 바는 아니었지만, 최대한 올바른 정보를 전달하겠다는 철학을 늘 우선시했다. 결국 성공 창업은 예비 창업자의 몫(점포 오픈 후 혼자 스스로 매장 운영)이기에 예측할 수 없는 미래를 현실에 묶어 두기 위해 여러 경험적 데이터 수치로 실패 확률을 줄일 수 있도록 부정적인 측면만을 좀 더 부각, 이해시키는 경우가 많아서일 것이다.

일반적으로는 우리 업체는 ○○주관사에서 상(賞)을 받았다, 수익률은 이렇게 상당히 높다, 우리 시스템은 매장에서 힘든 일 없이 쉽게 운영이 가능하다, 이렇게 타 업체보다 창업 비용이 저렴하다, 전국에 우리 매장이 이렇게 많다 등 어느 한 곳도 부담이 가거나 실패할 수 있다는 소재의 소개는 절대 없다.

만약 내가 ○○신문사가 주관하는 최우수 창업 컨설팅 대상을 받았으며, 자체 브랜드도 1년 만에 전국 100호 가맹점을 유치했고, 평균 매출 대비 수익률이 50%이면서 동종 업계 최저 비용으로 창업할 수 있다고 소개한다면 어떤 결과가 나올까? 친구의 철학처럼 궤변을 일삼는 철학자보다 칼을 쓰는 전사를 우대해야 한다는 생각으로 백문이 불여일견이라며, 거두절미하게 솔직한 안내로 확인시키는 것이 진실되지 않을까?

믿음의 원천을 외적인 이미지와 얄팍한 상식의 조어로 감언이설을 해 온다면 상황 논리에 떠밀려 빤한 전략적 영업에 놀아나는 경우가 될 것이다.

창조할 능력이 부족하고 확신이 서지 않아 어디에서 누가 하는 걸 보고, 듣고, 따라한 건지는 모르겠으나 그들의 뿌리는 행위만 보지 말고 어떤 타이밍에 어떤 방법으로, 어떤 소재로 하는지도 눈여겨보며 예비 창업자 스스로 깊이 고민하고 강한 확신이 섰을 때만 창업을 해야 한다.

창업을 하기 위해 이곳저곳 찾아다니면서 정보를 수집하고 분석해 보지만, 결국 가짜 정보의 홍수에 떠밀려 폐업률을 계속 높여 가고 있다.

상담을 하다 보면 다음과 같은 두 가지 부류의 예비 창업자 유형을 알 수가 있다. 첫 번째로는 '이 상권에서 이 장사를 할 거야'라고 업종을 미리 선택하고 상권도 대충 봐 둔 상태에서 창업을 준비하는 사람과 두 번째는 '어디서 무엇을 할까' 하고 업종, 상권 이 두 가지 모두를 폭넓게 열어 놓고 준비하는 사람이다.

첫 번째 유형은 혼자 창업이든 프랜차이즈 창업이든 자신감이 넘쳐 빠른 결정만 남아 있을 정도의 믿음과 확신이 있으므로 성공 창업에 대한 선택적 오류는 비교적 낮은 수준으로 볼 수 있다. 반면에 두 번째 유형은 초보적 긴장감으로 설렘보다 두려움이 먼저 앞서서 조심스럽게 접근하고 선택적 보류를 통한 믿음의 확신을 심어 가는 과정을 학습하려 하지만, 선택에 있어 옥석을 가리는 정보의 접근이 결코 쉽지 않다는 점이 우려되는 부분이다. 이런저런 이유를 만들어 여러 조직과 단체에서 상(賞)을 남발하는 세상에서 살아가는 것이 오히려 감흥도 없고 상(賞) 받은 걸로 새롱거린다는 빈축만 살 뿐이다. 언론에서 상(賞) 받은 업체 모두가 자격 미달이라는 뜻은 아니다. 하지만 언론사든 업체든 음험한 메커니즘을 이용한다는 오해를 받을 수 있다는 점도 간과해서는 안 된다는 것이다.

소상공인들이 힘들어하는 이유는 따로 있다.

　소상공인 자영업자들은 언제까지 천덕꾸러기 취급을 당하면서 살아가야 하나? 다른 직업군과 비교해서 필요성에 대한 당위성 인식 부족이 원인으로 상대적 박탈감마저 든다. 너무 많아서, 너무 흔해서, 누구라도 할 수 있어서, 언제든 할 수 있어서……. 그 어떤 말을 줄 세워도 만만한 단어밖에 찾을 수 없는 비애가 오늘날 대한민국 소상공인 자영업자의 모습이다. 쪽수가 많아서 무서워하고 두려워하는 이런 세상에 살아가고 있지는 않은가 싶을 정도로 영세 자영업자들은 집단 이기주의와 폭력 시위 한번 한 적 없이 선의의 피해 대상으로만 이리저리 치이며 선량한 소시민으로 묵묵히 살아가고 있다. 그럼에도 생존을 담보로 한 무책임한 제도들이 관행처럼 되어 버린 지 오래고 어떤 누구도 그 못된 버릇을 지적질하지 못해 비참한 삶으로 이 지경까지 오고 말았다.

　아직까지도 소상공인을 위한 정책적 문제점을 전혀 인식하지 못하고 있으며, 인식한들 철밥통에 일거리 만드는 일은 만무해 보인다.

　지금까지 우리 사회의 많은 집단 구성원들이 관성처럼 시위나 집회를 통해 인권이란 무기를 앞세워 권익이라는 실탄을 사용해 오는 동안, 다른 한편에 놓인 소상공인들은 오래전부터 생태계 자체가 붕괴되어 열악한 환경에 고통받고 신음하며 늘 침묵으로 수행하기에 어느 누구 하나 시선을 두려 하지 않는다. 코로나19의 참화 속 비대면(Untact) 시대를 겪으면서 소상공인들의 비통함이 애잔하면서도 자칫 분노를 유발할 만한 동기들이 곳곳에 지뢰처럼 널부려져 있어 더욱더 긴 한숨을 쉬게 한다. 누구는 언론의 관심과 동정을 받으면서 정부 기관의 비호와 기업의 지원이라는 손쉬운 해결 방식을 찾지만, 조직도 없고 힘도 없는 개인이 꼬깃꼬깃해진 자존심을 추스르며 거리로 피켓을 들고 나와 간헐적 시위로 침묵하는 정부를 향해 인내해 온 울분과 날숨을 있는 힘껏 토해 내는 TV 속 화면을 보고 있노라면 소상공인 자영업자들이 동냥아치로 취급당하는 듯해 분노가 치밀어 오른다. 또한 정부를 향해 살려 달라고 외치는 동안 외식업 중앙회를 비롯한 수많은 관련 단체들은 뭘 하고 있는지, 자식과도 같은 가맹점을 위해 프랜차이즈 본사들은 상생을 위한 대안 마련에 노력을 해 왔는지 묻지 않을 수가 없다. 알고 보면 그 모든 집단들은 서로 간 양시론적인 상호 이해관계를 돈독히 하고 보신주의적 입장만을 고수하고 있기 때문에 결국 소상공인들은 기함할 노릇에 삶의 의지마저 꺾일 지경에 이르지 않았나 싶다. 생계라는 치졸한 프레임에 가둬 놓고 궁지에 몰아 자력 갱생 창업을 강제하는 훈련을 받다 보니 이젠 맷집이 생겨 또다시 실패가 예단되는 상황에 처해도 오뚝이처럼 '다시'라는 오기와 용기가 생기지만, 백기를 쥔 손이 자꾸 올라가는 현실 앞에 어찌할 도리가 없다.

이렇게 창업이라는 것이 한 사람의 내재적 접근으로 이해해서는 안 된다는 사실과 코로나19를 기점으로 사회 보편적 문제로 함께 고민을 해야 되는 시점이 되었다. 정부 관련 단체가 소상공인 지원 사업이라는 미명 아래 힘든 자영업자와는 무관한 불필요한 조직과 단체를 만들어 같은 편 사람들에게 일자리를 제공하고 염불보다 잿밥에만 관심을 보이는 하부 조직의 이권까지 챙겨 주는 한심한 현실 앞에 걱정이 한 바가지다. 그도 그럴 것이 언뜻 보면 그럴싸하게 포장된 소상공인 보호법을 만든다면서 공정 거래 위원회의 프랜차이즈 정보 공개서를 의무화한 것 또한, 현실에서는 돈 많은 프랜차이즈 보호법이자 소상공인들은 평생 구멍가게만 하고 살라는 법이다. 신분 상승의 기회를 차단하고 사업 확장이라는 기회까지 단절시키고 특권층을 위한 일자리 제공과 특정 세력의 밥그릇 보호는 물론, 기득권층의 문어발식 확장 경영을 위한 제도가 아닐까 하는 합리적인 추론까지 하게 된다. 예전 같았으면 작은 가게지만 열심히 부지런하게 일을 한다든지, 요리 하나만큼은 소문이 날 정도였다든지 하면 누구나 프랜차이즈 사업까지 이어져 성공한 사업가가 될 수 있었다. 하지만 현재는 프랜차이즈의 사업 진행 과정을 보면 행정 절차가 많이 복잡하고 까다로워져서 평생 장사와 요리만 할 줄 아는 분들이 합법적인 사업으로의 연계가 쉽지 않아서 현실 장사에 만족하거나 상표와 매장을 높은 가격에 인계하는 방식으로 포기하고 정리하는 걸로 마무리하는 예가 많다. 쥐가 제아무리 열심히 몸집을 키워도 공룡이 될 수 없듯이 소상공인 또한 사업 확장의 큰 꿈은 이제 허황된 욕심에 불과하다는 걸 새삼 많이 느끼게 된다. 공정 거래 위원회, 프랜차이즈 사업 관련 부서에 허가 등의 관련 문의들을 한번 해 보시면 조금은 이해하기 쉬울 듯하다. 정부 예산들은 국민 세금

일진대 그 예산들의 사용처가 대형 프랜차이즈 업체나 특정 기업에 편리를 주기 위해 사용되는 느낌을 지울 수가 없다. 심각한 저출산 문제만큼이나 800만 소상공인들의 생존권을 '나 몰라라' 하고 내부 경쟁을 부추기는 총질만 해 댈 뿐이다. 코로나19 확산에 선심 쓰듯 코 묻은 돈 찔끔 쥐어 주고는 생색이란 생색은 다 내는 모습을 일찍이 경험했다. 세금 납부 지표로 국가 지분을 요구 평가한다면 소상공인 자영업자들을 절대 그렇게 홀대할 수가 없으며, 나라 경제 기여도를 감안해서라도 혜택과 지원은 분명히 바로잡아 나가야 한다. 하루하루를 힘겨워하는 소상공인 자영업자분들에게 임대료 지원이나 세금 감면 같은 직접적인 도움들의 정책들은 지속적으로 연구되어야 하며 그와 함께 지금까지의 폐업에 대한 실패 원인을 강구, 해결 방안을 모색하여 안정된 삶을 영위할 수 있도록 최대한 멍석을 깔아 주고 면역성을 키워 주는 간접적 정책 지원들까지……. 개화되어 가는 소상공인 자영업자의 모습을 볼 수 있도록 선량한 지식인들로서 책임을 다해 주길 희망해 본다.

점포 임대와 같이 창업과 연관이 있는 부동산 정책들로 비유해 한 가지 예를 들어 보자면, 당장 눈앞의 결과를 위해 땜질식 즉흥 정책들을 마구잡이로 내놓기보다 부동산 시장 스스로가 자연스럽고 질서 있게 자리 잡아 나갈 수 있도록 간접적 분위기를 조성하고 멍석을 깔아 주는 방식의 정책이 필요하다. 가령 부동산 중개 수수료 같은 경우 현재 부동산 중개 보수료로 매매 가격의 0.4~0.9%를 받을 수 있도록 되어 있는 정책을 부동산 중개사가 매수자와 매도자 간에 받는 중개 보수료를 차등 적용하여 매도자에게는 기존의 정책과 비슷한 비용을 받고 매수자에게는 낮은 금액의 매수 가격일수록 중개 보수료를 아주 높은 %로 받을 수 있도록 하면 어떨까! 매수자는 저렴한 금액에 매수를 할 수만 있다면 중개 보수료는 아무리 많이 나와도 불평이 없을 것이다. 수많은 공인 중개사분들의 수입에 초점을 맞춰 수익이 많고 저렴해서 팔기 쉬운 매물부터 우선 추천, 거래되도록 유도하게 하자는 것이다. 이렇게 요식업 창업 시장 전반에도 시장 논리에 맞게 자율적이고 자연스러운 현상을 유도하여 제도적 변혁이 조속히 생겨나길 바란다. 시간당 인건비 1만 원 시대를 홍보하기보다 앞으로 서서히 팁(Tip) 문화도 고심하고 실행해 나갈 필요가 있으며, 무턱대고 원산지 표기를 강요하기보다 국내산과 수입산의 차이점을 솔직하게 국민들에게 알려서 편견 없는 소비를 유도하고, 음식물 쓰레기와 노동 강도를 줄이기 위해 간소한 상차림과 셀프 문화 캠페인을 벌이는 등, 소상공인, 영세 자영업자의 실질적인 고충들을 하나하나씩 해결해 나갈 수 있게 해야 한다. 지나칠 만큼 맛의 기준을 재료의 고급화, 노동의 강도와 시간, 첨가 재료의 가짓수 등에 집착하게 만들어 과도한 경쟁력을 부추기고 소득 양극화를 심화시키는 결과를 초래하는 점이 외식 사업자분들의 잉여 가치 극대화에 저해되는 요인이 되고, 심지어 일을 하면 할수록 오히려 손해라는 공식도 자리 잡을 수밖에 없다.

  식재료를 속이고, 원산지를 속이고, 재사용해야지만 경쟁이 될 수 있다는 환경이 이어진다면 소상공인 모두가 잠재적 범죄자가 될 수밖에 없다. 제발 6,000원하는 국밥이 10시간 사골을 우려내어 신선한 한돈을 푸짐하게 담고 30여 가지 각종 고급 재료를 넣어 며칠씩 숙성시킨 양념장을 만들어 내놓는 것도 부족해서 국내산 재료만을 사용한 10가지 찬까지 함께 나가는 설정의 TV 맛집 프로그램 방영은 이제 그만 봤으면 좋겠다. 그런 환경을 선동하여 무리한 창업 분위기를 조성시키다 보니 수명 단축 폐업이란 악순환들이 계속된다. 그것만이 아니다. 요란한 소리와 지저분하게 옷에 묻혀 가며 주변에 국물 찌꺼기를 튀기는 민폐의 면(麵)치기가 맛있는 면 요리의 상징처럼 여기도록 하는 것이 정상인가? 얌전히 주변에 피해를 주지 않고 깨끗하게 맛있는 음식을 섭취할 수 있는 면(麵)접기 식사 실천이 정상일까?

멸사봉공의 흉금이 상식임에도 국가와 언론, 관련 기업인들이 사회적 책임과 역할을 망각하고 이념의 도그마로 경제적 약자의 눈을 멀게 하고 귀는 막고 있다.

소망하는 것이 있다고 우는 아기가 얼마나 대단한 기도를 하겠는가? 보채고 투정 부리는 아이가 어르고 달래 주길 바라는 것 외에 또 무엇을 희망하겠는가?

당신들은 알지 않는가? 장사하는 자영업자만큼 순수하게 열심히 살아가는 사람이 없다는 사실을.

*** 상표 등록과 도메인**

혼자서 개인 창업을 희망하는 예비 창업자는 창업을 준비하는 데 있어 한 가지 간과하고 지나치는 것이 하나 있다. 반드시 해야 하는 의무 사항은 아닐지라도 자칫 뒤늦은 후회로 공든 탑이 무너질 수 있는 것이 바로 상표 등록이다. 상표 등록이 왜 필요한지, 어떻게 하는 것인지, 앞서 잠깐 언급된 상표 등록과 도메인 신청에 대해 좀 더 살을 붙여 구체적으로 다시 한번 설명하도록 한다.

개인이 혼자 신규 창업할 경우에는 상호, 즉 브랜드 네이밍이 필요하다. 그렇게 만든 상호(브랜드)의 무형 자산인 특허권을 가지기 위해서는 반드시 상표 등록을 해야 하며, 그러려면 먼저 특허청에 상표 출원 신청이 필요하다. 창업자의 상황에 따라서는 전혀 생산적이지 않을 수도 있겠지만 시간, 비용, 절차가 쉽고 간단하기에 가급적 상표 등록을 해 두시는 것이 혹시나 하는 먼 미래의 희망이 될 수도 있다. 또한 '나만의 것'이라는 특별한 자부심으로 '열심히 해야 한다'라는 없던 동기 부여까지 생긴다.

지난 20년간 특허청에 셀프로 상표 출원 신청과 등록을 수십 번을 해 오면서 한 가지 진리를 깨우친 게 있다면 상표 출원 신청으로 곧바로 상표 등록이 될 것이라는 확신은 절대 해서는 안 된다는 사실이다. 상표 출원 신청(약 1년 조금 넘는 심사 기간을 거쳐서 등록의 유무 즉, 등록과 거절의 결과를 받아 볼 수 있음)은 누구든지 할 수 있지만 결과가 어떻게 나올지에 대해서는 아무도 장담할 수가 없다. 변리사의 도움을 받아도 상표 등록을 100% 장담할 수 없으며,

심지어 특허청 심사관이 상표 출원 신청해도 분쟁의 소지가 발생할 수 있는 것이 바로 상표 등록이다. 법적 분쟁이 생기기라도 하면 세 번의 재판에 대법원 최종심 판사만이 99.9%로 정답을 줄 수가 있다. 그만큼 오랜 심사 기간이 엄격하고 공정하게 심사를 한다는 반증이기도 하다.

상표권은 해당 상표를 사용할 권리와 다른 사람이 유사한 상표를 사용할 수 없도록 할 권리를 모두 포함한다. 또 다른 차원에서는 자신이 다른 사람의 상표권을 도용하고 있는지, 분쟁의 소지가 있는지를 상표 신청을 통해 알 수 있는 과정이라고도 말할 수 있다. 장사를 시작하고 대박이 났는데 상표를 도용했다면서 간판을 내리라는 난감한 상황이 올 수도 있으며, 심지어 법으로 민형사상 책임을 져야 하는 상황까지 발생할 수 있다. 사안에 따라 경제적 손실이 크게 발생할 수가 있으니 상표 등록이 되지 않는 네이밍이나 누구나 사용할 수 있는 네이밍이 아니라면 사업자 등록을 내기 전에 반드시 특허청에다 상표 등록을 위해 출원 신청을 꼭 하시라고 권고드리고 싶다. 인터넷 검색창에 '키프리스'로 검색해서 키프리스 사이트 상단 '상표' 카테고리를 찾아 클릭 후 검색창에 자신이 등록하고자 하는 상표 등을 미리 검색해 보는 것이 필수이다. 동종의 상품, 서비스 군에 먼저 출원된 동일 상표가 있는지, 없는지 확인을 해야 한다. 상표 출원 방법에 대한 자료들은 유튜브에서 어렵지 않게 찾아볼 수가 있으며, 간단한 궁금증은 특허청에 바로 전화해서 상담을 받아 보시라 말씀드리고 싶다. 참고로 지금껏 내가 만나 온 국가 기관이나 민간

기업 모두를 통틀어서 특허청이 번잡한 절차 없이 원스톱으로 친절하게 원하는 상담을 받아 볼 수 있는 최고의 기관이라고 말해도 부족함이 없어 보인다. 전화로도 충분히 편하게 상담받을 수가 있다.

상표 등록에 있어 꼭 알아야 하는 건 흔히 있는 명칭이나 상품, 서비스를 직관적으로 유추할 수 있는 명칭과 고유 명사, 보통 명사, 지명, 유명 도로나 거리 등 식별력이 없는 것은 상표로 등록할 수 없다는 것이다. 등록 가능한 문자 외에도 로고, 도형, 창작 캐릭터, 소리, 냄새까지 식별력만 갖추면 상표로 등록이 가능하기에 식별력이 없어 보이는 상표라 하더라도 로고, 도형, 창작 캐릭터를 앞뒤로 결합하여 식별력을 갖춘다면 상표 등록을 받을 수도 있다. 경제적 여유가 있지만 바쁘다거나, 등록 확률을 의심하거나 등의 이유라면 변리사를 통하여 상표 출원 신청하는 것이 좋다. 10만 원도 안 되는 신청 비용과 상표 등록을 받으면 10년간 보호받게 되는 20만 원대 등록 비용까지 모두 포함해서 총 30만 원 정도의 비용이라면 상표 등록을 위한 출원 신청을 직접 해 보는 것도 좋을 듯하다.

앞서 상표 등록에 필요한 포인트 두 가지를 다시 한번 설명드리고 추가로 상표 등록 확률 99% 확신할 수 있는 중요한 팁(Tip) 한 가지를 더 설명토록 하겠다.

첫째, 심사 기간이 너무 오래 소요되기 때문에 사업자 등록을 내기 전에 미리 상표 등록을 위한 출원 신청을 하는 것이 바람직하며, 첫 번째 신청에서 한 번에 빠른 등록을 받기 위해서는 상표 출원 신청 시 2~4개의 상표를 동시에 신청하는 것이 유리하다. 변리사를 통한 1개의 상표 등록(출원) 비용이면 셀프 신청은 4개 정도 할 수 있는 비용이라 등록을 100% 확신할 수 없고 1년이라는 오랜 심사 기간을 감안한다면 예비 상표까지 해서 4개의 상표를 직접 셀프 출원 신청하여 상표 등록 확률을 높이는 것이 좋지 않을까 하는 개인적인 생각을 해 본다. 예전부터 무료 컨설팅으로 봉사를 할 때면 함께 브랜드 네이밍도 조언하고 상표 등록도 그렇게 상담을 해 주곤 했었다. 혹시라도 한 개 이상 등록 결정이 난다면 필요에 따라 가장 마음에 드는 상표 한 개를 사용(등록)하거나 등록 받은 모든 상표를 다 같이 등록하여 필요에 따라 사용 유무를 선택하여 결정하면 된다.

둘째, 해마다 상표 출원과 등록의 건수가 너무 많아지면서 등록이 거절되는 사례가 많이 발생하고 있다. 해를 거듭할수록 상표 등록 확률이 낮아질 수밖에 없는 현실을 짐작할 수 있다. 또한 그럴수록 상표로 등록할 글자 수가 계속 길어지는 것도 현실이다. 글자 수가 상표 등록 확률을 높이는 하나의 방법으로 작용한다. 몇 년 전까지만 해도 7자 이상이 되어야 등록 확률이 조금 높다고 했으니 그런 점을 잘 명심해 두길 바란다. 또한 중요 포인트로 명사와 같은 누구나 사용 가능한 상호를 나중에 별도로 넣는다는 전제하에 상표 등록 시 무엇을 판매한다는 정도의 이미지를 가미한 창작 로고, 마크, 문양, 캐릭터만으로 상표 등록하는 방식이 있다.

셋째, 새롭게 언급하는 내용으로 누구도 말해 주지 않는 상표 등록을 쉽게 받을 수 있는 가장 중요한 꿀팁(Tip) 하나를 더 소개한다. 인터넷 특허청(키프리스) 홈페이지에서 희망하는 여러 상표를 검색하다 보면 행정 상태에 포기라고 명시된 상표를 볼 수가 있다. 출원 신청일이 오래전인 상표보다 6개월~1년 전에 포기한 상표라면 99%는 등록이 가능할 수 있으니 주워 먹듯이 그 상표를 그대로 가져와서 본인 것으로 재신청(출원)하면 된다(외식업 관련 상품 분류가 43류와 29류 정도가 있으니 상품 분류를 반드시 확인 후 가급적 43류가 적시된 상표인 것에 신청). '포기'란 특허청에서 오랜 심사 과정을 거쳐서 문제가 없다고 판단해 통과 등록 결정을 내렸지만, 신청자가 등록 기간 안에 등록 비용을 내지 않아 취소된 것들로 보시면 이해하기가 쉽다. 상표 등록이 쉽지 않은 시대에 급하게 상표 등록이 필요한 사람들에게는 자신이 원하는 상호의 네이밍은 아니지만 좀 더 쉽고 빠르게 등록을 할 수 있는 확실한 방법이 되겠다. 99%는 아주 높은 확률이라는 의미로 이해하시면 된다.

다시 말씀드리지만 번거롭고 복잡한 절차는 절대 아니니 혼자 창업을 할 때는 셀프로 상표 출원 신청을 하시라고 말씀드리고 싶다. 혹시 귀찮고 힘들다 싶으면 변리사를 통해서라도 상표 등록은 가급적 창업 시작 전에 꼭 출원 신청해 두실 것을 당부드린다.

이렇게 상호, 로고, 마크, 캐릭터, 문양 등을 비롯한 각종 상표 등록과 음식 재료의 특허, 매장 집기 등의 실용신안까지 무형 자산(특허권, 저작권, 영업권)을 절대 소홀히 여겨서는 안 된다. 사실 비용을 의식해서라기보다 직접 출원 신청을 하다 보면 어렵지 않다는 것을 알 수가 있고 성취감이 소중한 경험이 될 수 있으며, 무엇보다 창업을 임하는 과정에 자신이 무언가를 직접 할 수 있다는 그런 자세들이 큰 자신감을 불러일으키는 동기가 되기 때문에 셀프 등록을 하시라는 말씀을 드리는 것이다.

도메인은 상표 등록보다 중요하지는 않지만 웹 사이트와 모바일 앱을 통해 인터넷으로 매장을 홍보하는 수단이다. 자그마한 소자본 창업이라면 굳이 도메인을 신청할 필요는 없겠지만 갑자기 장사가 잘되어 사업 규모를 확장시켜야 하는 상황이 온다거나 하면 반드시 도메인이 필요할 수가 있을 것이다. 또한 처음부터 프랜차이즈 사업까지 염두에 둔다든지 매장 규모가 크거나 체계적인 매장 운영을 위해 여러 활용 방안의 수단과 같은 다양한 측면에서 도메인이 필요한 경우가 많다. 1년에 2만 원도 안되는 비용이기에 굳이 많은 비용을 들여서 홈페이지를 만들지는 않더라도 창업 시작 전에 도메인은 미리 꼭 선점해 두시길 바란다. 인터넷 검색창에서 도메인이라고 검색하면 도메인을 신청할 수 있는 회사들이 나온다. 그곳 홈페이지에 들어가 희망하는 영문 도메인 주소를 가급적 .com, .co.kr, .kr, .net 순으로 검색하여 등록 가능한 도메인이 있다면 바로 신청하여 선점해 두는 것이 좋다. 최근 들어서는 상표 등록과 같이 웬만한 도메인 주소도 모두 등록되어 있어 원하는 도메인을 찾아 선점하기가 쉽지만은 않다. 요식업종의 상호(상표) 도메인은 한글 도메인으로도 많이 사용되니, 영문 도메인이 없다면 한글 도메인이라도 선점해서 등록해 두길 바란다. 도메인은 법적 분쟁 소지가 없다. 그냥 돈 주고 물건 사듯이 남아 있는 도메인 주소가 있으면 먼저 선점해서 사용하면 된다. 프랜차이즈가 아닌 개인 창업 시 도메인 등록 후에 바로 홈페이지를 만들지 않더라도 사업 진행 상황을 지켜보고 필요한 시점이 오면 그때 가서 돈을 들여 홈페이지를 만들어 사용해도 무방하다.